Hermann Krings · Ordo

AF289137

Hermann Krings

ORDO

Philosophisch-historische
Grundlegung
einer abendländischen Idee

Zweite, durchgesehene Auflage

FELIX MEINER VERLAG
HAMBURG

Im Digitaldruck »on demand« hergestelltes, inhaltlich mit der
2., durchgesehenen Auflage von 1982 identisches Exemplar.
Wir bitten um Verständnis für unvermeidliche Abweichungen
in der Ausstattung, die der Einzelfertigung geschuldet sind.
Weitere Informationen unter: www.meiner.de/bod.

Bibliographische Information der Deutschen Nationalbibliothek

Die Deutsche Nationalbibliothek verzeichnet diese Publikation
in der Deutschen Nationalbibliographie; detaillierte bibliographische
Daten sind im Internet über ‹http://portal.dnb.de› abrufbar.
ISBN 978-3-7873-0560-5
ISBN eBook: 978-3-7873-2743-0

Inhalt

Vorwort zur zweiten Auflage

Mit Zögern bringe ich dieses Buch in zweiter Auflage zur Veröffentlichung. Zwar hat das Thema nach wie vor seine Bedeutung, auch wurde einiges Material zusammengetragen und verarbeitet, doch es handelt sich um die Dissertation des Verfassers, die alle Zeichen des Erstlingswerks aufweist und die vor fünfundvierzig Jahren unter erschwerten Umständen entstanden ist.

Diese Umstände sollen skizziert werden. Im November 1936 kam ich von Bonn nach München, um mein fünftes Studiensemester zu beginnen. Anlaß des Ortswechsels war die Berufung von Professor Dr. Fritz Joachim v. Rintelen von Bonn nach München als Nachfolger von Joseph Geyser auf den (Konkordats-) Lehrstuhl für Philosophie am Philosophischen Seminar I (heute Institut für Philosophie, Lehrstuhl I). Von Professor v. Rintelen ging die Anregung zur Promotion in Philosophie aus. Wie ich zu dem Thema *ordo* gekommen bin, weiß ich nicht mehr; es muß jedoch schon während der Anfangssemester in Bonn mein Interesse erregt haben; denn mit dem Beginn des Wintersemesters in München begann ich mit dem Studium der Quellen.

Im November 1936 bestand die nationalsozialistische Herrschaft schon nahezu vier Jahre. Die Wiederaufrüstung war voll im Gange, deutsche Truppen waren in das entmilitarisierte Rheinland einmarschiert. Der politische Zugriff auf die kulturellen und kirchlichen Institutionen wurde drückender. Wir – Studenten und Professoren unseres Umkreises – waren uns über zweierlei ziemlich einig: Einmal, daß die Lehre und Forschung am Philosophischen Seminar I (und eine Arbeit im Bereich der mittelalterlichen Philosophie) in absehbarer Zeit – wie bald? – unmöglich gemacht werden könnten. Ferner: daß Hitler einen Krieg vorbereitete. So stand die philosophische Arbeit Ende 1936 und im Jahre 1937 unter einem starken inneren und äußeren Druck. In dieser Situation habe ich die Arbeit in meinem fünften bis siebten Studiensemester abgefaßt. Inzwischen erfolgte der „Anschluß" Österreichs, bald nach Abgabe der Arbeit der Einmarsch deutscher Truppen in die Tschechoslowakei. Schon mußte man fürchten, es sei zu spät. Doch ich konnte noch im Dezember 1938 promoviert werden. Im Jahr darauf wurde mein Doktorvater v. Rintelen durch einen Befehl des Münchner „Gauleiters" von der Universität verwiesen und konnte den Lehrstuhl bis zum Ende der nationalsozialistischen Herrschaft nicht mehr wahrnehmen. 1939 wurde auch die Theologische Fakultät aufgehoben.

Das Manuskript der Dissertation hatte dankenswerter Weise Professor Dr. Erich Rothacker in die von ihm beim Max-Niemeyer-Verlag in Halle herausgegebene Reihe „Philosophie und Geisteswissenschaften" als Band 9 aufgenommen. Doch der Druck verzögerte sich; der Verlag mußte die Papierzuteilung abwarten. Infolge des 1939 eintretenden Kriegszustandes konnte ich nur einmal eine Fahnenkorrektur vornehmen. Diese Umstände sowie die mangelnde Erfahrung des Anfängers erklären die mannigfachen Mängel sowie die Zitaten- und Druckfehler der ersten Auflage.

Die Durchsicht des Textes für die zweite Auflage erfolgte unter der Leitlinie, Gestalt und Stil der Arbeit, so wie sie damals vorgelegt worden war, zu erhalten. Darum wurde auf stark eingreifende Veränderungen, auf Erweiterungen und auch auf die Einarbeitung der neueren Literatur verzichtet. Der Text wurde an einigen Stellen sachlich, durchgehend stilistisch verbessert. Einige Textpassagen wurden gestrichen. Die damals benutzte Literatur und die inzwischen neu erschienenen Arbeiten zum Thema werden in einem Literaturverzeichnis mitgeteilt. Die Anmerkungen wurden einzeln überprüft; die Form der Stellennachweise wurde vereinheitlicht. Die Zitate folgen den in der ersten Auflage benutzten Editionen. Um die Stellen leichter auffindbar zu machen, wurde bei Augustins De Ordine die Zählung der Abschnitte gemäß der Edition im Corpus Christianorum und bei Thomas von Aquin, Summa contra Gentiles die Zählung der Abschnitte gemäß der Marietti-Ausgabe hinzugefügt. Die Übersetzungen, die im allgemeinen den lateinischen Texten beigegeben sind, stammen vom Verfasser, soweit nichts anderes angegeben ist. Sie erheben nicht den Anspruch, maßgeblich zu sein, sondern setzen den Leser in Kenntnis, wie der Verfasser den lateinischen Text gelesen hat.

Zum Ordo-Gedanken des Mittelalters sind eine Reihe aufschlußreicher Einzeluntersuchungen erschienen (Gässler 1950, Rief 1962, Dettloff 1968, Hellmann 1974, Duby 1981). Gleichwohl erscheint eine zweite Auflage der Arbeit von 1941 berechtigt; denn sie ermöglicht einen Einblick in den philosophisch-theologischen Hintergrund des mittelalterlichen Ordo-Gedankens. Ein solcher Einblick wird nicht nur dem Philosophen und Theologen, sondern auch dem Germanisten, Romanisten und Historiker willkommen sein. Das Buch arbeitet die reiche begriffliche Ausdifferenzierung des Ordo-Gedankens heraus und stellt dadurch – in Ergänzung zu anderen Arbeiten, welche die Verwendung des Ordo-Gedankens in kirchlichen und politisch-kulturellen Bereichen behandeln – dessen innere Struktur dar. Die Darstellung fand einen Leitfaden an dem von den mittelalterlichen Autoren zugrundegelegten Ternar von Maß, Zahl und Gewicht. Diese Grundlegungsproblematik ist in der neueren Literatur nicht wieder aufgegriffen worden.

Trotz des weiten thematischen Abstandes zwischen den frühen und den späteren Arbeiten des Verfassers gibt es eine nicht unwesentliche Verbindungslinie. Ein Grundtenor der Interpretation des mittelalterlichen Ordo-Gedankens ist die Betonung seiner dynamischen Struktur. Diese beruht formal in seinem Charakter als *Relation;* inhaltlich ist sie durch die (in dem Aufsatz „Das Sein und die Ordnung" 1940 noch einmal speziell herausgearbeitete) *ex-in-ad*-Struktur charakterisiert. – In „Transzendentale Logik" (1961) kehrt die Lehre von der Relation und von der Strukturierung der Relation durch Fundamentum, Medium und Terminus wieder und bestimmt den Aufbau des Buches. Ohne „Ordo" zu zitieren, werden dort (S. 49–61) die wesentlichen Elemente der hier im 1. und 9. Kapitel sowie im Anhang dargestellten Relationslehre verwendet; auch wird auf die Erörterung der Relation als transzendentaler Bestimmung Bezug genommen (S. 52).

Die Arbeiten des Verfassers zur Freiheitsthematik, die in den 70er Jahren erschienen, sind u.a. dadurch gekennzeichnet, daß der Begriff der Freiheit relational bestimmt wird. Wenn Freiheit als dasjenige begriffen ist, was sich selbst durch den Bezug auf andere Freiheit hervorbringt[1], so kehrt hier zwar nicht die durch Maß, Zahl und Gewicht begriffene Struktur wieder, wohl aber ist Freiheit als jenes Medium verstanden, welches sich dadurch begründet, daß ein unbedingter Anfang sich auf Freiheit als seinen Terminus bezieht. Der formale Gehalt der Relationsbegriffe ist je ein anderer, doch die Struktur ist analog. Auf dieser transzendentalen Basis läßt sich dann auch das Verhältnis von Freiheit und Ordnung in nun veränderter Thematik z.B. als das Verhältnis von System und Freiheit oder von Staat und Freiheit konstruktiv darstellen.

Der Begriff der Relation, der als roter Faden durch Arbeiten mit sehr verschiedener Thematik und Intention sich hindurchzieht, mag als eine recht formale Verbindung erscheinen. Das ist sie auch. Doch der formale Charakter mindert – sofern es sich um formale Gehalte und nicht um Formalismen handelt – nicht die philosophische Relevanz. Denn gewisse Inhalte können erst dann in ihrer Bedeutung voll entfaltet und gewürdigt werden, wenn sie in ihrer relationalen Binnenstruktur erschlossen und dargestellt werden. Dieses gilt auch für Ordnung und Freiheit.

Ich danke Herrn Professor Dr. Heinz Robert Schlette für die Initiative und den Vorschlag, eine zweite Auflage von „Ordo" zu unternehmen, für die Anregungen, die er gegeben hat, und für die Durchsicht des Manuskripts. Ich danke Erich Lobkowicz M.A. für die Mithilfe bei der Überprüfung der Anmerkungen und der Literatur. Ich danke der Görres-Gesellschaft für die Förderung der Publikation. Ich danke dem Felix Meiner Verlag für die Übernahme und die Betreuung der zweiten Auflage.

München, im Juli 1982   Hermann Krings

---

1 Erstmals in „Wissen und Freiheit" (1966), dann in „Freiheit. Ein Versuch Gott zu denken" (1970), im Artikel „Freiheit" in „Handbuch Philosophischer Grundbegriffe" (1973) u.ö. Jetzt gesammelt in „System und Freiheit" (1980, S. 117–125, 156–160, 174–182).

Vorwort

Die vorliegende Arbeit, die Fritz-Joachim von Rintelen gewidmet ist, stellt eine historische Untersuchung dar, welche die Frage stellt, wie der Grundgedanke eines philosophisch im Großen und Ganzen geschlossenen Zeitraumes begrifflich fundiert war.

Es ist jene Zeit, die sich besser als durch geschichtliche Epochen oder Zahlen durch die Namen jener Männer begrenzen läßt, die sie geistig bestimmten: Im Mittelpunkt steht Thomas von Aquin und der, ohne den Thomas nicht denkbar ist, sein Lehrer Albert der Große.

Um das Ziel der Arbeit zu erreichen, war es nicht möglich, nur einen der Philosophen – etwa Thomas oder Albert je allein – heranzuziehen. Thomas bringt die klare Durchdenkung und systematische Darstellung. Inhaltlich das meiste finden wir aber schon bei Augustinus in ursprünglicherer Darstellung. Wenn man ihn dagegen allein genommen hätte, wäre wohl vieles unklar geblieben. Bei Bonaventura nun mündet die klare Durchdachtheit wieder in die Unmittelbarkeit der Mystik.

Um ein entsprechendes Gesamtbild zu geben, mußte der Rahmen so weit gespannt werden; um jedoch andererseits nicht durch die Weite des Themas ins Uferlose zu geraten, war eine Auswahl der zu interpretierenden und zitierenden Textstellen geboten. Die Auswahl hat jedoch die Vollständigkeit der Untersuchung nicht beeinträchtigt.

Die Auswahl der Texte ist sachlich bestimmt; d.h. sie will nicht Besonderheiten und Varianten des einen Gedankens bei verschiedenen Philosophen aufzeigen, sondern sie will den Ordo-Gedanken als Leitgedanken einer Epoche darstellen, so wie er in fast sämtlichen Schriften der vier genannten Philosophen erscheint. Der Ordo-Gedanke ist diesem Denken gemeinsam, wenn auch jeder ihm eine besondere Prägung und Note gibt. Diese Arbeit will das Gemeinsame bringen und vernachlässigt eine etwaige „Entwicklung" des Ordo-Gedankens von Augustin bis Bonaventura.

Dieses Gemeinsame war möglich auf dem Grund der geistigen Einheitlichkeit der Epoche; die Denker waren noch jedem Subjektivismus fern und standen in einer starken Verpflichtung gegenüber den überlieferten Texten: so ist bei ihnen diese Gemeinsamkeit möglich.

Um dies deutlich werden zu lassen, war es oft nötig, eine Behauptung mit den Zitaten mehrerer Philosophen zu belegen, ja an wichtigen Stellen Zitate von Augustin bis Bonaventura anzuführen, während an anderen Stellen die eingehenderen Ausführungen des einen und Einzeluntersuchungen anderer sich gegenseitig ergänzen.

Diese wechselnde Art des Zitierens war notwendig, wenn man nicht unbedeutende Einzelausprägung darstellen wollte, sondern sich die Aufgabe gestellt hatte, die Struktur des Ordo-Gedankens herauszuarbeiten.

Wenn aber diese Untersuchung gerade als historische für uns heute verständlich sein soll, so darf sie nicht rein referierend bleiben, sondern muß in Aufbau und Darstellungsweise sich mindestens so viel Selbständigkeit wahren als nötig ist, um das Interesse an ihr über ein akademisches hinaus zu einem lebendigen zu erheben. Den vollen Inhalt jener Philosophie heute lebendig zu machen, ist nach einer weiteren siebenhundert Jahre langen philosophischen Erziehung und Geschichte ein Unding, und das Streben danach recht vergeblich. Doch was in der historischen Untersuchung spürbar werden muß, ist, daß für jene Zeit damals diese ihre Philosophie tatsächlich das war, woraus sie lebte. Erst wenn das fühlbar gemacht wird, wird eine Philosophie in historischer Betrachtung für uns bedeutsam.

Darum konnte nicht – wie Thomas es in der *summa theologica* tut – der erste Abschnitt von Gott handeln; uns fehlt jede Geläufigkeit im Reden über Gott; es sei denn, es wird nicht ernst genommen. Unsere Erfahrung entbehrt die Unmittelbarkeit des Mittelalters und ist mühsamer. Durch die Schule der Antike und in der Neuzeit durch die des Deutschen Idealismus liegt uns das Begreifen im Bereich des Geistes und des menschlichen Denkens näher.

Darum versucht die Arbeit in ihrem ersten Abschnitt die Ordnung des Denkens zu analysieren.

Nach dieser ersten Verdeutlichung begibt sie sich ganz in ihr eigentliches Gebiet, indem sie zuerst den Ort von *ordo* begrifflich festzulegen sucht – dieser begriffliche Ort wird unter den Transzendentalbegriffen gefunden –; dann nach seinem Ursprung und Entstehen fragt. Hierbei gerät sie tief in mittelalterliche Spekulation hinein. Doch ist dieser Weg unvermeidlich, wenn man einen tragfähigen Grund für die folgende Analyse der Grundbegriffe von *ordo naturae* haben will.

Dieser Hauptabschnitt bot eine Schwierigkeit: daß man bei Thomas nirgends und bei den übrigen nur am Rande, neben den Hauptwerken, zusammenhängende Ausführungen über *ordo* finden konnte: wie etwa bei Augustinus die Frühschrift „de ordine" oder bei Albert eine Quaestio in der „summa theologica" pars II. (qu. 63); diese waren jedoch keine Gesamtdarstellungen.

So mußte die Durcharbeitung der zahlreichen Einzelstellen selbst ein Gliederungsprinzip ergeben, das auf alle Autoren anwendbar war und ihre Gedanken bergen konnte. Dieses fand sich in dem Satz der Bibel, daß Gott alles nach Maß, Zahl und Gewicht geordnet habe, in einer überraschenden Gültigkeit und Verwendbarkeit. *Omnia in mensura, numero et pondere disposuisti.*[1] Diese Dreiheit des Weisheitsbuches ist bei allen vier Philosophen die Grundlage und der Ausgangspunkt ihrer Darstellung des *ordo* und wurde von ihnen zu jenen fundamentalen Grundbegriffen ausgebildet, aus denen der Ordo-Begriff sich aufbaut.

In der Darlegung des letzten der drei Begriffe fand dann auch die Untersuchung des für das Verständnis von *ordo* wichtigsten Begriffes, des Relationsbegriffes, ihren Raum[2].

---

1 Lib. Sap. XI, 21. – Vgl. S. 86ff.
2 Zur näheren Orientierung sei auf die Darlegung im Anhang verwiesen.

Der IV. Abschnitt vermittelt die Erhellung des Gedankens durch die Darstellung seiner Bewährung gegenüber dem *malum*, das ihn aufzuheben droht.

Einführung

Wenn wir uns in dem geistigen Raum der vier genannten Philosophen zurechtzufinden suchen, stoßen wir immer wieder auf den Gedanken, daß kein Seiendes vereinzelt, isoliert, „für sich" ist in einem individualistisch-zweckhaften Sinne, sondern daß alles Seiende zwar unterschieden, aber nicht geschieden ist; daß alles Seiende verkettet ist, zusammenhängt, irgendwie Einheit will und ist. Zwar nicht durch das Mittel des Kollektivs, sondern als Ganzes geordneter Teile. Dieses Phänomen mit all seinen unendlich weit verzweigten Folgerungen nannte man *ordo*.

Die Stellen, an denen dieser Terminus bei den mittelalterlichen Philosophen vorkommt, sind unzählbar. Es gibt kaum einen Zusammenhang, in den nicht diese Vorstellung, und damit kaum eine größere Darlegung, in die nicht das Wort *ordo* einflösse. Ja, so durchdringt diese Vorstellung den ganzen Denkbereich jener Zeit, daß oft etwas entsteht, was wir, wenn wir nicht tiefer sähen, als eine komplizierte Ineinanderschachtelung bezeichnen würden; so etwa wenn nach dem *Ursprung* der Ordnung gefragt wird, dieser Ursprung gefunden wird, nun aber in diesem selbst, der doch Ursprung sein sollte, wiederum eine Ordnung entdeckt wird. Und ähnlich wenn das *Entstehen* der Ordnung selbst wieder als ein *ordo* für sich angesehen wird u.s.f. (vgl. II. Abschnitt, Kap. 4 u. 5).

Wie ein Stromkreis durchzieht der Ordo-Gedanke das ganze Denkgebäude eines Thomas von Aquin.

Was aber ist diese Ordnung? Wir, die wir in einem rational denkenden Abendland leben, würden nur mühsam eine Antwort finden; und wenn wir sie endlich gefunden hätten, würden wir sie wohl wieder aufgeben, da wir feststellen müßten, daß zwar Mechanik und Naturwissenschaft, Rechts- und Staatswissenschaft ihre Antwort gegeben hätten, nicht aber eine lebendige Philosophie. Wir würden nicht von einem Stromkreis sprechen, der einer ganzen Philosophie Energie, Kraft und Dynamik verleiht; auch nicht von einem Blutkreislauf, der einem sonst toten Körper in alle seine weitverzweigten Glieder Leben spendet, ohne eines auszulassen; aber in solchen Bildern müssen wir bei den mittelalterlichen Philosophen sprechen, wenn wir der Wahrheit gemäß kennzeichnen wollen, was in ihrer Philosophie der Ordo-Gedanke bedeutet.

Oder aber: Wir würden auf die Frage, was Ordnung sei, auch noch diese Antwort ablehnen; ja gar keine Antwort mehr wollen; denn, so dargestellt, ist Ordnung nur starre Form, die das Leben erstickt; tote Mechanik, die unser Eigentliches zerstört. Dann wäre Ordnung uns feindlich und müßte nicht untersucht, sondern bekämpft, durch einen freien Dynamismus überwunden werden.

Wir spüren, daß hier ein Mißverständnis droht, das Zerstörung und Anarchie zur Folge haben wird. Zudem: Dieses Mißverständnis tritt irgendwie faszinierend in unser Blickfeld, ist etwas wie eine Versuchung des Geistes, das mühelos Erreichbare gegenüber dem Mühsam-Schweren, das

Unverbindliche gegenüber dem Verpflichtenden vorzuziehen. Doch davon zu sprechen, würde über unseren Rahmen hinausgehen; unsere Aufgabe ist die Darlegung eines Denkens, das noch nicht in dieser Versuchung stand, die heute allem Denken in einem *ordo* begegnet.

Ordo einen rein formalen Sinngehalt zuzusprechen, würde nicht die Fülle der Wortbedeutung ausdrücken; im Gegenteil möchten wir dem Terminus *ordo* ein inhaltliches Gefülltsein zusprechen, das weit von jedem reinen Formalismus entfernt ist.

Bei oberflächlicher Betrachtung könnte es so aussehen, als ob Ordnung ein inhaltsleeres, lebloses Gerüst wäre, eine tote Form, in die nun irgendwelche Inhalte eingezwängt würden und dabei alles Leben geschwächt oder gar getötet würde.

Dem gegenüber stände eine Ablehnung aller Bindung, welche die Fülle aller Inhalte und allen Lebens ungehemmt walten lassen könnte, ohne durch irgend ein formales Element gebunden und dadurch gehindert zu sein.

Die wahren Zusammenhänge sind jedoch andere: wenn wir einmal von der rein logischen Bedeutung von Ordnung absehen (denn dabei würde es sich ja nicht um Ordnung des Seins oder gar des Lebens, sondern um eine richtige Ordnung der Begriffe handeln) und dem Wort seine ganze ontologische oder gar metaphysische Sinnfülle geben, so stoßen wir zu einem Begriff vor, der jenen toten Ordnungsbegriff, der sich bei der oberflächlichen Betrachtung bot, das heißt das rein Formale weit übersteigt; denn in dem Begriffe eines *ordo universi* begreifen wir das All und rühren damit an ein letztes Absolutes. In dieser wahren Betrachtung der Ordnung, für welche die vorliegende Arbeit die historische Grundlegung darstellen will, offenbart sich also eine letzte inhaltliche Fülle, ein Zusammenfassen aller Kräfte und allen Lebens, allerdings nicht willkürlich, sondern geformt als Kosmos.

Wenden wir von hier den Blick wieder zurück zu einer Auffassung, welche in diesem Denken der Zucht das Leben selbst bedroht sieht, so hat sich auch hier das Bild gewandelt. Dadurch, daß sie Formlosigkeit zum Prinzip erhebt, hat sie noch nichts gewonnen; genau so wie ein kulturloser Mensch dadurch nichts gewinnt, daß er seine Kulturlosigkeit als Linie bekennt. Indem es dem Dynamismus aber letztlich nicht mehr um das Inhaltliche, um die Wirklichkeit geht, sondern um das Freisein von jeder, wie er meint, einengenden Form, um sein Ungebundensein um jeden Preis, hat er nun nicht nur die Paradoxie begangen, trotz prinzipieller Ablehnung eines formalen Prinzips das Prinzip der Formlosigkeit selbst zu seinem Formprinzip zu erheben, sondern dieses paradoxe Formprinzip tritt nun auch auf Kosten des Inhaltlichen übermächtig in den Vordergrund: Ungebundenheit und (allerdings rein negative) Freiheit um alles.

Damit ist der Formalismus vollendet und zwar ein Formalismus, der das totale Chaos bedeutet.

In diesem Gegeneinander entscheidet die Meinung über den Begriff der Form: Nimmt man Form im ursprünglichen Sinne und nicht in einem später vom Rationalismus hineingetragenen, so bedeutet sie nichts anderes als *Natur*. Die Natur eines Seienden ist seine Form und sie begründet die

Art. Wird nun Ablehnung jeder Form zum formalen Prinzip einer Philosophie, so verleugnet sie die Natur und die Art; das ganze in seiner Differenziertheit und Mannigfaltigkeit der Formen schöne Sein geht spurlos in einer formlosen Masse auf.

Das Ungeformte ist schon für Aristoteles und die gesamte Antike jener äußerste Gedanke, der in der Stufung des Seienden vom *Nous* über die Gestirne, Menschen, Tiere und Pflanzen herab bis zur toten Materie jene untere Grenze bedeutet, die das Nicht-Sein selbst repräsentiert. Die bloße Materie hat kein *Eidos* mehr, keine Form. Jede *ousia* aber ist *synholon* aus Stoff und Form. So ist der bloße Stoff keine *ousia* mehr, kein Wesen, keine Substanz, kein Seiendes mehr. Darum steht die bloße Materie als das Amorphe nicht mehr im Kosmos. Für manche Denker behauptet sie sich sogar als ein Selbständiges gegen den Kosmos, wie bei Plato, wo ihr als Prinzip des Bösen eine gewisse mythisch-religiöse Wirksamkeit eignet. Durch Aristoteles, der mehr und mehr den Einfluß der östlichen Religiosität eliminiert, ist sie die Grenze zu dem, was kein Grieche und darum das ganze Abendland nicht denken konnte: zum Chaos, welches das Gefühl von Verworrenheit, Dunkel, Heillosigkeit und Häßlichkeit erweckt. Das Seiende, das im Kosmos gründet, ist geformt; aus seiner Natur sich entfaltend, in seine Art gebunden, zu seinem Wesen sich vollendend ist es schön und fähig zum Zusammensein. – So auch der *ordo*.

In dem Gedanken des *ordo* ist der unerhörte Versuch unternommen, in einem Griff das Sein nicht nur als Seinsbegriff, sondern in der ganzen Fülle seiner grenzenlosen Möglichkeiten zu fassen. Und, wie vor allem der dritte Abschnitt zeigt, ist dieser Griff den Damaligen in einer Weise geglückt, der wir kaum zu folgen vermögen. Zwar bleiben auch noch Geheimnisse, und die Realitäten, die dem Denken immer entgleiten und nur im Leben selbst vollzogen werden, liegen im Verborgenen; es herrscht eine große Schlichtheit, und Leben und Dinge bleiben, was sie sind.

Ordnung, das ist schlicht und gar nicht sonntäglich; das ist im Kleinen und Gleichgültigsten; es ist ein *es* ; man benutzt es wie ein Alltagskleid; meistens sieht man es gar nicht, so unauffällig und gewohnt ist es. – Und doch: Wie jene dieses *es,* den *ordo,* in ihrem Philosophieren durchdrangen und ausformten, wurde er Ausdruck allen und des höchsten Seins und Lebens; der das All umspannende Gedanke: *ordo universi.*

I. Abschnitt
Ordo rationis

1. KAPITEL
Ordo intellectuum

Ausgang

Der Ausgangspunkt des Cartesianischen Systems ist die Gewißheit des eigenen Vorhandenseins, die wir intuitiv durch das Bewußtsein erfahren. Das Bewußtsein ist also das erste, was wir *haben;* es ist uns unmittelbar gegeben, während uns alle transmentale Wirklichkeit erst mittelbar durch das Bewußtsein gegeben ist. Als erste dieser uns durch das Bewußtsein mittelbar erfahrenen Gegebenheiten nennt Descartes das Ich als „denkendes Ding". Das Bewußtsein als solches ist aber noch nicht ursprünglich und unmittelbar gegeben, sondern selbst schon ein Resultat, Endpunkt eines Weges, welcher das Denken ist.

Wenn die Frage nach Ordnung auch in der historischen Untersuchung einen systematischen Zusammenhang aufweisen soll, so wird die Untersuchung von diesem Ausgang aus beginnen. Sie muß es darum, weil sich gezeigt hat, daß alle transmentale Wirklichkeit und mit ihr alle Ordnung in ihr erst mittelbar durch das Denken erfahren wird. Unmittelbarer als alle in der Realwelt feststellbaren Ordnungsphänomene sind das Denken selbst und mit ihm alle Ordnungsphänomene, die sich in ihm als solchem feststellen lassen.[1]

Denken und Ordnung

Unmittelbare sinnliche Reize sind willkürlich. Da sie physiologischer Natur sind, gehören sie noch nicht der eigentlichen menschlichen Ordnung an. Die Affizierung des Geistes in den Empfindungen erfordert geradezu eine Erhebung des affektiven Erlebens zum Bewußtsein; das Erkennbare fordert sein Erkanntwerden. Diese Forderung des Unvollkommenen nach Vervollkommnung oder das Verlangen des auf Erkenntnis angelegten Geistes nach Erkenntnis läßt das Denken einsetzen.

Dieses Denken, das Prozeß, Fortgang zu einem Ziel ist, ist vielfach und verschiedenartig gedeutet worden. Driesch deutet es so[2]: Denken ist das Enthüllen und damit das Wissen um eine Ordnung, die dem unmittelbaren Erleben noch verborgen war.[3]

Andererseits kann unter Denken die Tätigkeit verstanden werden, welche die sinnlichen Empfindungen ordnet und dadurch erst den Gegenstand des Bewußtseins konstituiert; so deutet es Kant.

Was beiden Auffassungen gemeinsam ist und hier Bedeutung hat, ist, daß jedesmal mit dem Begriff des Denkens der der Ordnung in Beziehung steht.

---

1 Ordo pertinet ad rationem sicut ad ordinantem. (Th.s.th. II–II. qu. 26, 1 ad 3)
2 H. Driesch, Ordnungslehre, Jena 1912, S. 15
3 Vgl. Heideggers Deutung von ἀλήθεια als „Unverborgenheit" des Seienden durch den λόγος in Sein und Zeit, Halle 1929, S. 219. – Vom Wesen des Grundes. In: Festschrift für Edmund Husserl, Halle 1929, S. 76.

Alles Denken hat nach diesen beiden Zeugen Beziehung zur Ordnung; diese könnte es nicht haben, wenn es völlig willkürlich und chaotisch sein könnte, und tatsächlich läßt sich nicht denken, daß ein Gedanke gänzlich ohne Ordnung sei. Wie unten noch näher gezeigt wird[4], ist Denken schon in sich wesensmäßig immer ein irgendwie geordnetes, Denken selbst ist Ordnung haben. Daher wird seit dem Altertum[5] über die Großen des Mittelalters[6] bis auf unsere Tage[7] die Aufgabe des Denkers als die des Ordnens bezeichnet.[8] Was jedoch genauer unter diesem Ordnen verstanden wird, ist bei weitem nicht zu allen Zeiten das gleiche; einmal ist es psychologisch gemeint als ein Ordnen von Sinneseindrücken und Empfindungen zur Wahrnehmung und die Verarbeitung der Wahrnehmungen zu Erkenntnis; ein andermal ist es rein logisch gemeint als die Setzung einer Beziehung zwischen zwei Begriffen als Subjekt und Prädikat eines Satzes, wieder einmal hat dies Ordnen ethischen Charakter oder auch metaphysische Bedeutung.

Welcher Ordnungsakt im einzelnen gemeint ist, ist vorerst ohne Belang. Generell ist ein Ordnen, dessen Charakter und Bedeutung noch zu untersuchen ist, mitgemeint, wenn wir bei den Urphänomenen des Denkens oder Bewußtseins stehen. Darum erweitert Driesch bewußt den unzweifelbaren Ausgang der Philosophie eines Augustinus und Descartes zu dem Satz: ,,Ich habe bewußt geordnetes Etwas".[9] Es erhebt sich sofort die Frage, was hier mit Ordnung gemeint ist. Driesch sagt so: ,,Was hier Ordnung heißt, weiß ich durch unmittelbare Schau, ohne es definieren zu können, und ebenso, inwiefern und wodurch im einzelnen an etwas Ordnung besteht"[10]. Und wenn er sich darüber Rechenschaft ablegen will, was die Ordnung des Etwas ausmacht, so bezeichnet er dies als ,,Ordnungslehre" oder Logik.

Das Phänomen der Ordnung des Denkens ist philosophisch die Urerfahrung von Ordnung überhaupt.

Pythagoras

Dies beweist nun auch die historische Entstehung des Bewußtseins von Ordnung. Pythagoras hat die Welt als ein Gefüge, als Ordnung und ,,Harmonie" erfahren und sie als erster[11] mit dem für die ganze Hochzeit der griechischen Philosophie bedeutungsvollen Namen κόσμος bezeichnet[12].

---

4 S. 26/27.
5 οὐ γὰρ δεῖν ἐπιτάττεσθαι τὸν σοφόν, ἀλλ' ἐπιτάττειν. Aristoteles, Met. I. 2 (982 a 17).
6 sapientis est ordinare. (Cg. I. 1.–2.)
7 Driesch, a.a.O.
8 Vgl. III. Kap. 7.
9 Driesch, Metaphysik, Breslau 1924, S. 23.
10 ibid.
11 H. Diels, Doxographi Graeci, Berlin 1879, S. 327 (siehe Anm. 17). – Vgl. E. Zeller, Die Philosophie der Griechen in ihrer geschichtlichen Entwicklung, Bd. I, Leipzig 1919, S. 381–383 über das Geburtsjahr des Pythagoras (ca. 570 v.Chr.) – Vgl. W. Röd (Hg.), Geschichte der Philosophie, Bd. I, 1976, S. 50–71.
12 Vgl. Art. Kosmos. In: Hist. Wörterbuch der Philosophie Bd. 4 (1976), Sp. 1167–1176.

Seine Erkenntnis, daß die Welt Kosmos genannt werden könne und es sei, ist der Schlußstein seiner und seiner Schule Lehre von der Zahl.[13] Einer der ältesten Bestandteile pythagoräischer Philosophie war die Erkenntnis, „daß die Höhe der Töne von der Länge der Saiten des musikalischen Instrumentes abhängig ist", daß die Harmonien sich durch Zahlenverhältnisse darstellen lassen, daß überhaupt die Zahl „von Natur das Erste" und somit das Wesen aller Dinge sei.[14]

Aristoteles[15] berichtet uns darüber, daß die Pythagoräer sich mit der Mathematik beschäftigt und sie studiert hätten; daß sie durch die Erziehung in ihr die Prinzipien der Mathematik zu denen des Seins gemacht hätten. Für alles hätten sie in einer Zahl ein Gleichnis gefunden. Dazu kamen noch ihre oben erwähnten Beobachtungen über die musikalischen Harmonien. Da alles irgendwie Verwandtschaft zur Zahl hatte, die Zahlen aber das erste in der Natur sind, kamen sie zu der Vorstellung, τὸν ὅλον οὐρανὸν ἁρμονίαν εἶναι καὶ ἀριθμόν, „daß der ganze Himmel Harmonie und Zahl sei". Also aus der Mathematik kam die Erkenntnis von der Welt als eines Kosmos.[16] Worin Thales die Einheit erkannte, darin erkannte der mathematisch wohl geschulte Pythagoras die Tatsache eines in Ordnungen aufgebauten Gefüges.[17]

Diese Ordnung war aber noch nicht absolute Ordnung. Sie war eine subjektiv-rationale Ordnung. Im Mittelpunkt der Ordnung stand der Mensch, genauer: jeder Mensch. „Kosmos" war Welt um mich und für mich geordnet; ihr fehlte die große Tendenz zum Überschreiten der Grenzen um mich, zur Absolutheit. Zudem war dieser Mensch stark von

---

13 Sein persönlicher Anteil ist nach den vorhandenen Quellen nicht mehr festzulegen, „wagte doch schon Aristoteles nicht mehr zwischen dem Gedankengut des nur dreimal von ihm genannten Pythagoras und der Pythagoreer zu unterscheiden". (Zeller, a.a.O. S. 429)

14 Arist. Met. I. 5.

15 Arist. Met. I. 5. – Vgl. W. Nestle, Die Vorsokratiker, Jena 1908. – W. Röd, a.a.O. S. 59.

16 Über die Sicherheit, Richtigkeit und Notwendigkeit dieses Weges spricht Augustinus, der nach Plato wieder diesen Weg aufgreift. Iam in musica, in geometrica, in astrorum motibus, in numerorum necessitatibus ordo ita dominatur, ut si quis eius fontem atque ipsum penetrale videre desideret, aut in his inveniat, aut per haec eo sine nullo errore ducatur. – (Schon in der Musik, der Geometrie, in der Bewegung der Gestirne, in den Gesetzmäßigkeiten der Zahlen herrscht die Ordnung so, daß, wenn einer ihre Quelle oder sie selbst innen zu schauen wünscht, er sie dort findet oder durch sie ohne irgendwelchen Irrtum zu ihr geführt wird.) de ord. II. cap. 5 (14). – ... hunc igitur ordinem tenens anima iam philosophiae tradita, primo seipsam inspicit: et cui iam illa eruditio persuasit aut suam aut seipsam esse rationem, in ratione autem nihil esse melius et potentius numeris, aut nihil aliud quam numerum esse rationem ... – (Indem die Seele diese Ordnung einhält, schaut sie, die schon der Philosophie ergeben ist, zuerst in sich selbst; jene Erziehung hat sie schon überzeugt, daß Vernunft entweder ihr zu eigen oder sie selbst Vernunft ist, – in der Vernunft aber nichts besser und mächtiger ist als die Zahlen, oder besser, Vernunft ist nichts anderes als Zahl.) de ord. II. cap. 18 (48).

17 H. Diels, Doxographi Graeci, 1879, S. 327. Plutarchi Epit. II. Prooem. 1, 1–3. Πυθαγόρας πρῶτος ὠνόμασε τὴν τῶν ὅλων περιοχὴν κόσμον ἐκ τῆς ἐν αὐτῷ τάξεως (Pythagoras nannte als erster den Kreis des All wegen der Ordnung in ihm Kosmos.)

der *ratio* her gesehen; dieser Mensch war Mathematiker. Die Ordnung aber war nicht Lebensordnung, nicht einmal Seinsordnung; sie war Zahlenordnung, die dann allerdings fälschlicherweise unter Übersehung der eigenständigen Seinsordnung auf das Sein übertragen wurde.[18]

Dadurch, daß wir gesehen haben, wie sich das Denken über den *ordo* an dem Phänomen der Zahl entzündet hat, und daß uns eine Betrachtung der Zahl gleich in ein Verständnis von Ordnung führen kann, ist es deutlicher geworden, warum wir vor die Betrachtung der sinnfälligen Welt und ihrer Ordnung die ihr zu- und übergeordnete Ordnung des Denkens behandeln und versuchen, das mit dem Namen *ordo rationis* Gemeinte deutlich zu machen. Dazu müssen wir aber über die reine Zahl und ihre geordnete Reihe hinausgehen; die reine Zahlenordnung trägt die Züge einer Formalität, welche noch nicht die volle Entfaltung eines *ordo rationis* darstellt. Wären mit der Erfassung rein zahlenmäßiger Ordnung die Grenzen unseres Verstandesvermögens erreicht, so bestünde die Lehre des Positivismus zu Recht. Doch unser Denken überschreitet die Grenzen einer noch dazu beschränkten Rezeptivität und tritt durch das Mittel der begrifflichen Ordnung der transmentalen Realität mit einer gewissen Eigenmacht gegenüber.

intellectus

Die Ordnung des Denkens ist ein Gefüge der Beziehungen von Begriffen untereinander.[19] Thomas unterscheidet zwei Weisen, wie diese Ordnung zu verstehen ist:

Die erste bedeutet dieses: der Intellekt findet eine Ordnung vor; sie wird ihm gegeben. Diese Ordnung teilt er den *rebus intellectis,* den Dingen, insofern sie geschaut werden und erkannt sind, zu. Es handelt sich also um Beziehungen von Begriffen (er führt das Beispiel der Beziehung von Gattung und Art an) oder um Beziehungen von Begriffen zu realen Dingen; eine

---

18 Vgl. E. Frank, Plato und die sogenannten Pythagoreer, Halle 1923. – J. Stenzel, Zahl und Gestalt bei Plato und Aristoteles, Bad Homburg ³1959 (¹1924).

19 Respondeo dicendum quod sicut realis relatio consistit in ordine rei ad rem, ita relatio rationis consistit in ordine intellectuum; quod quidem dupliciter potest contingere. Uno modo secundum quod iste ordo est adinventus per intellectum, et attributus ei quod relative dicitur; et huiusmodi sunt relationes quae attribuntur ab intellectu rebus intellectis, prout sunt intellectae, sicut relatio generis et speciei; has enim relationes ratio adinvenit considerando ordinem eius quod est in intellectu ad res quae sunt extra, vel etiam ordinem intellectuum ad invicem.
(... wie eine reale Beziehung besteht in der Ordnung eines Dinges auf ein anderes, so besteht eine logische Beziehung in der Ordnung der Begriffe. Das läßt sich zweifach verstehen. Die eine Ordnung wird vom Intellekt vorgefunden, ihm gegeben, was relativ gesagt wird. Es sind solche Beziehungen, die den erkannten Dingen vom Intellekt zugegeben werden, insofern sie gedachte sind, wie die Beziehung zwischen Gattung und Art. Diese Beziehungen findet der Verstand, indem er die Ordnung dessen, was im Intellekt ist, zu den Dingen oder auch die Ordnung der Begriffe untereinander betrachtet.)
de pot. VII. 11.

solche wäre jene Beziehung, welche der Begriff „Mensch" zu einem realen Einzelmenschen hat.

Diese Art der begrifflichen Ordnung ist parallel der realen Ordnung und durch sie verursacht; ja, eines der Ordnungsglieder kann noch der realen Seinsebene angehören; diese Art bringt daher noch nicht das Eigentümliche der begrifflichen Ordnung. Dies bringt erst die zweite Weise des Verständnisses von Denkordnung.[20]

In der Art des Erkennens liegt als Wesenseigentümlichkeit, daß etwas als geordnet anerkannt wird; als Weseneigentümlichkeit deshalb, weil dies „mit einer gewissen Notwendigkeit" geschieht, auch dann, wenn diese Geordnetheit, die logisch im Begriff vorliegt, nicht in der Sache selbst angetroffen wird. Ja, darüber hinaus meint Thomas, daß der Intellekt diese Ordnung dem Realen *(quod in re est)* zuerteilt; „das geht daraus hervor, daß auch Dinge, die aus sich nicht Ordnung haben, geordnet erkannt werden". Er macht natürlich die notwendige Einschränkung, daß die Dinge deswegen nicht diese Ordnung hätten, weil das ja falsch wäre. Was aber bleibt, ist, daß sie *ordinate* erkannt werden.

Was hier über Denkordnung gesagt wurde, ist also einmal, daß sie notwendig dem Denken zugehört; dann, daß sie als eine von den Dingen unabhängige Kraft diesen gegenübertritt, allerdings ohne sie zu vergewaltigen. Das Eigentliche des *ordo rationis* ist also nicht das bloße Auffinden, Konstatieren und Wiedergeben eines realen Gerüstes von Beziehungen, sondern das Eigentliche dieser Ordnung liegt in dem lebendigen Begegnen von Geist und Gegenstand und in dem kraftvollen und souveränen Bewältigen des Gegenstandes durch den Geist.

In Zusammenfassung ist also in den beiden Erklärungen von Denkbeziehung bzw. Denkordnung folgendes gesagt: Denken ist immer mit Notwendigkeit geordnet; und zwar erstens durch ein rezeptiv statisches Element, indem das Denken, durch die Sinne affiziert, in der Realwelt eine Ordnung der Dinge vorfindet und diese auf die Begriffe überträgt, welche ihrerseits Dinge intendieren. Zweitens durch ein aktiv-dynamisches Element, indem Denktätigkeit unabhängig vom Gegenstand eine ordnende Tätigkeit überhaupt ist, jedes *intelligere* wesensmäßig ein *ordinate intelligere* ist.

---

20 Alio modo secundum quod huiusmodi relationes consequuntur modum intelligendi, videlicet quod intellectus intelligit aliquid in ordine ad aliud; licet illum ordinem intellectus non adinveniat, sed magis ex quadam necessitate consequatur modum intelligendi. Et huiusmodi relationes non attribuit ei quod est in intellectu, sed ei quod est in re. Et hoc quidem contingit secundum quod aliqua non habentia secundum se ordinem ordinate intelliguntur; licet intellectus non intelligat ea habere ordinem, quia sic esset falsus. (2. Beziehungen dieser Art folgen aus der Art des Denkens; es ist ersichtlich, daß der Intellekt etwas denkt in Ordnung zu etwas anderem; mag der Intellekt diese Ordnung auch nicht vorfinden, sie folgt mehr aus der Art des Erkennens mit einer gewissen Notwendigkeit. Beziehungen dieser Art gibt nun der Intellekt nicht dem zu, was im Denken ist, sondern dem Realen. Dies ersieht man daraus, daß auch solches in geordneter Weise erkannt wird, was keine Ordnung besitzt; freilich erkennt der Verstand nicht, daß solches selber die Ordnung hat, denn das wäre falsch.) ibid.

relatio

Der fundamentale Begriff, der das Wesen der Ordnung trifft, ist der Begriff der Relation. *Distinctio* ist wiederum Voraussetzung der Relation. Die Ordnung besteht darin, daß Begriffe miteinander in Beziehung stehen. Über die Erkenntnis des notwendigen Vorhandenseins von Ordnung im Denken hinaus wird in der Klärung des Relationsbegriffes der eigentliche Kern freigelegt; denn die Ordnung besteht an den Begriffen dadurch, daß sie unterschieden werden und in Beziehung zueinander treten.

Mit der Behandlung des Begriffes der Relation ist das Wesentliche in der Frage nach Grundlegung des *ordo* beantwortet. Ich verweise darum auf die ausführlichere Untersuchung des Relationsbegriffes im Anhang.[21]

Unter Beziehung verstehen wir ganz allgemein ein Vermittlungsverhältnis, in dem Dinge oder Begriffe zueinander stehen. Dieses Verhältnis zueinander entspringt in einem Punkt, der beide Teile irgendwie berührt; sie *haben* etwas, was beide Teile betrifft; sie verfügen über ein gemeinsames *Haben: habitudinem habent ad invicem.*[22]

In diesem *Haben* ist ein Mittleres zwischen beiden Extremen getroffen, von dem man nicht sagen kann, es ist dieser Punkt oder jenes verbindende Band oder sonst irgendein naturwirkliches Seiendes – alles dieses wären nur Bilder; von dem man andererseits auch nicht sagen kann, es sei gar nicht. Dieses mittlere schwebende Sein, daß in dem korrespondierenden Verhalten der Extreme greifbar wird, ist die Beziehung. Hier soll nur soviel davon gehandelt werden, als es für die Ordnung der Begriffe notwendig ist; eine ausführlichere Behandlung wird die Untersuchung des *ordo naturae* notwendig machen.

Die Beziehung nennt Aristoteles unter seinen Kategorien *(pros ti).* Wie bei jedem Akzidenz, so muß man auch bei der Relation ihr Sein gegenüber ihrem Wesen betrachten. Als Akzidenz eignet der Relation nur dadurch Dasein, daß sie etwas an dem Subjekt ist, dessen Akzidenz sie ist. Ihrem Wesen nach ist sie *bloßes Verhalten zu, reiner Hinweis auf.* Folgende Eigenschaft grenzt sie jedoch gegen alle anderen Akzidenzien ab: Alle anderen Seinsformen meinen ein bestimmtes *Etwas* an dem Seienden, dem sie anhangen, sei es eine qualitative oder eine quantitative, sei es eine Tätigkeit o.a. Die Beziehung dagegen meint nicht ein *Etwas* an dem Subjekt, sondern nur den *Hinweis auf etwas,* den reinen Bezug auf ein anderes; dieser aber ist, wie schon gesagt, nicht *etwas* wie Farbe oder Größe o.ä.[23]

Da es der Beziehung „aus diesem ihrem Wesen nicht eigen ist, daß sie ein ‚Etwas' in dem setzt, wovon sie ausgesagt wird"[24], kommt es vor, daß Relationen ausgesagt werden, denen keine Setzung im Sein entspricht. Die

---

21 Siehe u. S. 111–120.
22 Th. s. th. I. qu. 13,7.
23 1, d 26 II. 1; 1, d 33 I. 1.
24 Ex hac ratione non habet, quod ponat aliquid in eo de quo dicitur. (1, d 26 II. 1.)

Aussage eines rein formalen Bezugs schließt noch nicht das naturwirkliche Sein in sich; dieses wird erst durch das Akzidenzsein verliehen.

Daraus den Schluß ziehen zu wollen, daß die Relation allgemein ein *ens rationis* sein und *non habet esse nisi in anima*[25] – wie es die allenthalben von Thomas angegriffenen Porretaner lehrten –, ist deswegen falsch, weil nur dann der Relation im Sein nichts entspricht, wenn ihr Fundament, an dem sie ihr akzidentelles Sein haben soll, nicht existiert oder seinem Wesen nach nicht Träger dieses Akzidenz sein kann. Wenn ich also von einem *non-ens* eine bezügliche Aussage mache oder wenn ich von einem Ding eine bezügliche Aussage mache, welche dem Ding seiner Natur nach nicht zukommt, – wie etwa *rechts* oder *links* bei einer Säule[26] –, so fehlt hier das reale Fundament, und die ausgesagte Relation ist ein Verstandesding.

Hier soll nur von diesen Begriffsbeziehungen gesprochen werden, jenen, die ein Verstandesding *(ens rationis)* sind; nur um diese handelt es sich in der Denkordnung[27], nicht um solche Beziehungen, bei denen beide Extreme Dinge sind, die um eines Tuns oder Leidens oder um ihrer quantitativen Bestimmtheit willen aufeinander bezogen sind.[28]

Da bei den Beziehungen, bei denen eines der Extreme der naturwirklichen Ordnung angehört, zwar in einem Richtungssinn eine reale, im anderen Richtungssinn aber nur eine logische Beziehung besteht[29], wird davon noch im Folgenden zu sprechen sein.

relatio rationis

Thomas bestimmt die nur im Denken gesetzte oder logische Beziehung *(relatio rationis)*[30] durch Unterscheidungen von der naturwirklichen Beziehung *(relatio realis)*.

Zu einer naturwirklichen Beziehung ist erforderlich, 1. daß die beiden Extreme tatsächlich und gegenwärtig existieren *(ens in actu);* 2. daß sie verschieden sind, aber 3. doch irgendwie einander zuordenbar sind.[31] Bleibt eine dieser drei Bedingungen unerfüllt, so liegt keine reale Beziehung vor. Daraus ergeben sich folgende Fälle rein logischer Beziehungen:

1. Eines der Extreme oder beide existieren nicht gegenwärtig. Der Bezug zielt dann auf ein *non-ens*[32] oder wird von einem Nichtsein ausgesagt oder

---

25 ibid.
26 de pot. VII. 10.
27 de pot. VII. 11: relatio rationis consistit in ordine intellectuum.
28 Th. s. th. I. qu. 13,7.
29 ibid.
30 Thomas spricht an mehreren Stellen im systematischen Zusammenhang von der *relatio rationis:* 1, d 26 II. 1; de pot. VII. 10 u. 11; s. th. I. qu. 13, 7. Die jeweilige Systematisierung ist nicht schematisch genau gleich; in Reihenfolge und Darstellungsart bestehen erhebliche Unterschiede, die sich jedoch vereinen lassen und andererseits das Bild reicher und anschaulicher machen. Wir halten uns in der Reihenfolge der Arten an de pot. VII. 11.
31 de pot. VII. 11.
32 Quando designatur relatio aliqua entis ad non ens (1, d 26 II. 1.)

beides.[33] Das wiederholte Beispiel ist die Beziehung zwischen einem Gegenwärtigen und einem Zukünftigen. Das gleiche gilt aber für alle Relationen, die erst aus einem Denkakt folgen[34]; so sind z.B. Beziehungen, die von den Begriffen *Art* oder *Gattung* ausgesagt werden, rein logisch.

2. Es liegt Identität der Extreme vor. Die Aussage, etwas sei sich selbst gleich, ist eine bezügliche Aussage; doch dieser geht ein Denkakt voraus, welcher eines als zwei setzt[35]; es fehlt also die *realis diversitas inter extrema*.[36] Auch diese Beziehung ist rein logisch.

3. Wenn zwei Extreme einer Relation nicht real aufeinander hinordnungs-fähig sind, so kann das einmal darin begründet sein, daß eines der Extreme selbst schon seinem ganzen Wesen nach reiner Hinweis ist. Zwischen *Vatersein* und *Sohnhaben* besteht nicht mehr ein *Mittleres (ordo medius)*, das die Annahme einer zwischen beiden Extremen schwebenden Seinsart, wie es die Relation ist, rechtfertigen würde, sondern der Bezug fällt voll und ganz in das Subjekt *(accidit in subjecto)*.[37] Von einer Beziehung eine bezügliche Aussage machen *(relatio relationis)*, ist deswegen unmöglich, weil die Beziehung eben durch ihr Wesen selbst ganz bezüglich ist und nicht erst durch eine von außen hinzutretende andere Beziehung.[38] Eine solche *relatio relationis* ist nur logisch. Die andere Unmöglichkeit der Zuordnung der beiden Glieder erscheint, wenn die beiden Glieder verschiedenen Seinsebenen angehören und nur in einem Richtungssinn eine reale Beziehung aufweisen. Das Wißbare, das reales Sein hat, ist das Ziel, auf das die Wissenschaft, die ideales Sein hat, hingeordnet ist. Zwischen Wissenschaft und Wißbarem besteht also insofern eine reale Beziehung, als dieses das Material für jene ist; umgekehrt dagegen nicht[39]; der Stein hat keine reale Beziehung zur Geologie. – Wenn nun aber deswegen, weil der Stein Gegenstand der Geologie ist, weil er das Ziel der Hinordnung eines anderen auf ihn ist[40], eine Beziehung seinerseits zur Geologie behauptet wird, so folgt diese Aussage aus einem Denkakt und ist nur logisch. Die Relation hat in diesem Richtungssinn nichts im Naturwirklichen, auf das sie sich gründen könnte[41], während im anderen Richtungssinn Fundament wie Terminus real und zuordnungsfähig sind.

Thomas gibt dafür, daß etwas einem anderen zugeordnet ist *et non e converso*, de Pot. VII. 10 eine Reihe von Beispielen: Zwischen Sinn und Sinnfälligem, zwischen Münze und dem, der den Preis festsetzt, zwischen dem Menschen und seinem Bild; schließlich zwischen Mensch und Gott: *in eo non est aliqua relatio realis ad creaturam*.

---

33 de pot. VII. 11.
34 consequuntur actum rationis. (Th. s. th. I. qu. 13,7)
35 accipit unum duo (de pot. VII. 11)
36 1, d 26 II. 1.
37 de pot. VII. 11.
38 1, d 26 II. 1.
39 de pot. VII. 10 u. 11; s. th. I. qu. 13,7.
40 inquantum est terminus ordinis alterius ad ipsum. (de pot. VII. 11)
41 Relatio non habet aliquid in rei natura supra quod fundetur. (1, d 26 II. 1)

Diese Aufzeigung der Arten rein logischer Relationen und ihre Abhebung gegenüber den naturwirklichen macht ein System begrifflicher Beziehungen deutlich. Dieses System birgt aber nicht nur die eben angeführten Arten logischer Relationen, sondern auch jene Beziehungen, die das Denken in der Realwelt vorfindet, aber dann, kraft seiner Eigenmacht, ins Begriffliche überträgt. Denkordnung als System von Begriffsbeziehungen umfaßt demnach zwei Arten: *uno modo secundum quod iste ordo est adinventus per intellectum, alio modo secundum quod huiusmodi relationes consequuntur modum intelligendi;* so kann das Denken in Souveränität Beziehungen zwischen Nichtseienden, zwischen Selbigem, zwischen Nichtzuordenbaren setzen.

In dieser Betrachtung gewinnt Denkordnung als Gefüge begrifflicher Beziehungen einen großen Vorsprung vor einer numerischen Ordnung reiner Zahlen; *ordo intellectuum* geht darüber hinaus: er ist die Bewegung des Geistes zu den Dingen; jedoch keine willkürliche, sondern geformte und doch formende zugleich; Ordnung ergreifende und mehr noch Ordnung schaffende.

Kosmos und *ordo*

Intellectus als Urphänomen von Ordnung überhaupt ist in der damaligen Zeit erfahren und erkannt worden.

Wohl besaß auch schon die klassische griechische Philosophie das Bewußtsein von *logos* und *taxis* als ihre ureigensten Erkenntnisse; doch der *logos* ist hier noch nicht das *Weltgesetz* der Stoa oder gar die göttlich persönliche Inkarnation des Christentums.

Logos ist innermenschlich wie innerkosmisch. Er ist jene Fähigkeit und Tätigkeit des Menschen, die sich nicht nur auf die Dinge, sondern auf das Sein der Dinge richten kann und deren Erfolg die *Einsicht* ist. Logos macht den Kosmos offenbar.

Entsprechend ist Kosmos nicht jener Seinsordo, von dem unten noch gesprochen wird. Alles Sein steht in kosmogonischer Gebundenheit, ist der Welt absolut verhaftet in reiner Immanenz.

Darum ist alles Sein, sind Götter, Menschen und alles, was lebt, noch im Banne der Gefahr, daß das Schicksal, das als dunkle Macht über Göttern und Menschen waltet, sie in das Chaos versinken läßt; an diese Bedrohtheit durch das Chaos sind Götter, Welt und Menschen ausgeliefert.

Dem gegenüber kam mit dem Christentum ein Neues, das erst jene Entfaltung ermöglichte, die aus dem *logos* den *intellectus,* aus dem *Wort* die *Hineinschau* machte; aus dem bedrohten *Kosmos* den ewigen *ordo*.

Der klare und ordnungsgemäße Vorrang der Denkordnung wurde aber nicht lange gehalten. Zwar braucht das Spätmittelalter und vor allem die Mystik nicht allein als Reaktion gedeutet zu werden; sicherlich war die Mystik erst dadurch möglich geworden, daß das 13. Jahrhundert eine für uns ganz unvorstellbare *Hineinschau* in die Welt und ihre Gründe in Gott geleistet hatte; und demnach hat sie die Steigerung und Vollendung des hochmittelalterlichen Denkens sein können.

2. KAPITEL
Ordo cognitionis

Die erkenntnistheoretische Frage; *ordo cognitionis*

Wir haben bisher Denkordnung als ein Gefüge begrifflicher Beziehungen dargelegt; dies Gefüge aber ist ein Ergebnis; es ist nicht unmittelbar gegeben, sondern eben *gefügt*. Dieser Akt des Fügens aber muß, da sein Ziel und Ergebnis eine bestimmte Ordnung ist, selbst schon die Elemente dieser Ordnung in sich tragen; die Tätigkeit, deren Erfolg Ordnung ist, muß selbst geordnet und ordnend sein. Gegenüber der Darlegung des Systems begrifflicher Beziehungen müssen wir hier wieder anknüpfen an die Untersuchung *de Potentia* VII. 11.[1] Während oben aber der *ordo adinventus per intellectum* und der *ordo secundum modum intelligendi* unterschieden und dargestellt wurden, muß jetzt die Untersuchung dahin fortgeführt werden, wie diese beiden Arten des einen *ordo rationis* entstehen und wie die Ordnungselemente, deren Ausgang wir einmal in der Realwelt, das andere Mal ,,in der Art des Erkennens" kennen lernten, sich entwickeln zu dem Ergebnis, das wir auch kennenlernten in der zweifachen Art der Denkordnung.

Also dieses Werden, diese Bewegung des Geistes zu den Dingen und der Dinge zum Geist soll näher erläutert werden; zwar nicht als umfassende Darlegung der thomistischen Erkenntnistheorie, sondern nur insofern das Erkennen eine Weiterbildung der in ihren Ausgängen aufgefundenen Ordnungselemente fördert. Denn erst aus einem Verständnis der Kräfte, die diesen Kosmos des Geistes aufbauen, wird auch dieser selbst erst in seiner Fülle erfaßbar sein.

Da der Erkenntnisprozeß ein Hinübergehen von der Denkordnung über die psychische Ordnung zur Seinsordnung ist, ist eine Berührung zu dem Gegenstand des nächsten Abschnitts angezeigt. Zwischen der Denkordnung und der Seinsordnung liegt die Ebene des Psychischen, die aber nicht, wie der Verstand, dem Ding eine neue Weise des Seins gibt, wie auch dadurch ein Ding keine neue Weise des Seins erhält, daß es gespiegelt wird; das psychische Bild erfaßt nur das materielle und akzidentelle, ist nur momentan und vergänglich, steht isoliert und beziehungslos in der Zeit. So kennzeichnet sich die Wahrnehmung des Tieres. Im Verstand dagegen gewinnt das Ding ein neues Sein seiner Wesenheit nach, das bleibend ist. Durch sein aktuelles Erkanntwerden erreicht es die höchste Stufe seiner Beziehungsfähigkeit, dadurch daß es seiner Form nach eins mit dem denkenden Geiste wird.

Diese Berührung der realen und geistigen Ordnung ist aber auch die eigentliche Schwierigkeit. Denn einmal hat die Neuzeit die viel umstrittene Frage nach der Realität der beiden Seinsweisen gestellt; sehen wir aber auch von dieser Problemstellung ab, so bleibt die andere ebenso wichtige wie

---

1 Vgl. Kap. 1. S. 107.

schwierige Frage, wie denn ein Hinübergehen zwischen zwei nebeneinander stehenden Ordnungen zu verstehen sei. Damit ist deutlich gemacht, daß dieses Problem in erster Linie ein ontologisches, kein psychologisches ist. „Erkennen ist eine Weise des Seins"[2]; und zwar ist es die Vergegenständlichung einer *res* in einer Idee oder logisch in einem Begriff. Die Vergegenständlichung oder das Erkennen beginnt immer bei den Sinnen: *principium nostrae cognitionis est a sensu*[3]; oder: Nichts ist im Verstande, was nicht vorher in den Sinnen war"; so Thomas. Das Erkennen geht aus von dem sinnlich Erfahrenen; das Ziel ist die neue Seinsweise des Erfahrenen als Glied im *ordo rationis;* das *Wie* des Übergangs vom Reiz über die psychische Ordnung zur Denkordnung aber ist gefaßt in dem *ordo cognitionis*[4], d.h. im Erkenntnisprozeß, der nicht nur Ordnung vermittelt, sondern selbst eine Ordnung in sich darstellt.

Die Stufen dieser Ordnung sind die aus den Empfindungen aufgebauten sinnlichen Wahrnehmungen, aus der das Phantasma sein Material nimmt; der *intellectus agens,* der in der Abstraktion die ideale Wesenheit aus ihrer materiellen Vereinzelung löst und so aus dem Phantasma die *species intelligibilis* gewinnt; der *intellectus possibilis,* der die *species intelligibilis* empfängt und von ihr formiert wird; durch deren Vereinigung die Bilder.

Diese Stufen gilt es nun genauer zu betrachten.

Sinnliche Wahrnehmung; *phantasma*

Die Sinne verhalten sich der Außenwelt gegenüber passiv; sie empfangen durch Veränderung ihrer Organe von der Außenwelt Eindrücke. Doch stellen wir fest, daß auch die Empfindungen nie einzeln und zusammenhanglos bleiben, sondern „Bilder" sind, sinnliche Vorstellungen von komplexem Charakter; sie erscheinen gegenständlich als Bilder von Dingen. Diese Bilder sind aber noch keine Erkenntnis, sondern bloß Material der Erkenntnis; sie *beleuchten* nicht die Wesenheit des Dinges, sondern sind Abbild, wenn auch nicht adäquates, des Einzelnen in seiner Materialität.

Dieser Vorgang liegt noch vollständig im Bereich einer nicht-geistigen Ordnung. Das Bild ist bloß das Abbild eines Gliedes dieser Ordnung, und

---

2 A.D. Sertillanges, Der Heilige Thomas von Aquin, Hellerau 1918, S. 546.
3 Aristoteles, zitiert bei Th. s. th. I. qu. 84, 6.
4 Intelligere fit per intellectum possibilem et recipientem similitudinem phantasmatis, et per operationem intellectus agentis speciem immaterialem a phantasmate abstrahentis, et per ipsum phantasma suam similitudinem in intellectum possibilem imprimens. – (Erkennen geschieht einmal durch den *intellectus possibilis,* der das Ähnlichkeitsbild des Phantasma aufnimmt, dann durch ein Wirken des *intellectus agens,* der die immaterielle Wesensform aus dem Phantasma herauslöst, schließlich durch das Phantasma selbst, das dem *intellectus possibilis* ein Ähnlichkeitsbild aufprägt.) de pot. an. XL.6. (Zur Frage der Echtheit dieser Schrift vergleiche M. Grabmann, Die Werke des hl. Thomas von Aquin, Münster ²1931.) – Vgl. Th. s. th. I. qu. 85,3.

der Akt der sinnlichen Wahrnehmung liegt noch gänzlich außerhalb des eigentlichen Denkordnungsbereichs; er reicht noch nicht in den *ordo rationis* mit der ihm eigenen Verstandestätigkeit hinein. Diese Abbildung ist die erste Bereitung des *ordo naturae* für sein Aufgenommenwerden in den *ordo rationis;* sie ist der erste Übergang von der Ebene des realen Seins in die des psychischen Seins. Damit treten die Dinge in den ersten Bereich des erkennenden Wesens. Die Kraft, durch welche diese erste Transformation vollzogen wird, ist nach Thomas nicht ein tätiger Sinn, *sensus agens*[5]. *Sensibilia inveniuntur actu extra animam; et ideo non oportuit ponere sensum agentem.* Er sagt, daß die realen Dinge ihrer Realität nach für die Sinne wirksam sind, da eine Materie durch eine Idee *Wirk*lichkeit erlangt hat; dieses Wirken aber geht auf unsere Sinne. Die *wirk*lichen Dinge also wirken die Informierung unserer Sinne; ein *sensus agens* wäre redundant.

Anders ist es bei der Erkenntnis des Wesens. Damit die Dinge in den Bereich unserer Erkenntnis treten können, müssen sie zuvor in den Bereich unserer Sinne getreten sein. Dieser Anteil der Sinnlichkeit am Erkenntnisakt ist aber nicht damit beschlossen, daß das Ding einmal wahrgenommen wurde, sondern auf Grund gegenwärtiger oder vergangener Wahrnehmung bildet sich in unserem Geist das Phantasma. Das Phantasma ist gegenüber der sinnlichen Wahrnehmung sinnliche Vorstellung, d.h. es unterscheidet sich von der Wahrnehmung seinem Ursprung nach; jene entsteht durch Eindruck von außen, dieses entsteht spontan von innen, stützt sich darum meistens auf das Gedächtnis. Aristoteles zitierend, sagt nun Thomas: *nihil sine phantasmata intelligit anima.*[6] Thomas führt dann zwei Belege dafür an: einmal, daß bei einer organischen Verletzung die *vis imaginativa* geschwächt sei; notwendig folge dabei immer eine Störung der Denktätigkeit. Als zweites: bei dem Versuch, etwas zu erkennen, bilden wir uns selbst und anderen Beispiele, aus denen wir uns *phantasmata,* Vorstellungsbilder, formen können.

Die Phantasmata sind die letzte Bereitung der Psychischen zur Vereinigung mit dem Rationalen.

intellectus agens; abstractio

Hier ist eine zweite Stufe zu überwinden, die von dem Vorstellungsbild zur geistigen Erkenntnis führen soll. Dafür ist wiederum zweierlei notwendig; einmal, daß der Geist das Bild empfängt; als Voraussetzung dafür aber, daß dieses Bild, das bisher sinnlich ist, kraft eines Wirkens zum Wesensbegriff umgeformt wird, den allein der Geist aufnehmen kann. Das Moment der Rezeptivität macht unsere Erkenntnis zur Realerkenntnis, das Moment der Aktivität fördert die sinnliche Erkenntnis zur geistigen.

Die Schwierigkeit des Überganges liegt nun in der Frage, wie das sinnliche Vorstellungsbild, welches das Ding in seiner Individualität, seiner Materialität und in seinen Akzidenzien vorstellt, vom Intellekt, der auf Allgemein-

---

5 Th. s. th. I. qu. 79,3 ad 1.
6 Th. s. th. I. qu. 84,7.

heit, Immaterialität und Wesen angelegt ist, empfangen werden kann. Das Einzelne als solches offenbart das Allgemeine, die Form, nicht, da die Form nur in der Materie existiert, nicht aber eine *reine* Existenz hat, wie Plato annahm. Durch diese notwendige Bindung der *naturae seu formae rerum sensibilium*[7] sind diese Naturen zwar der Möglichkeit nach erkennbar, der Wirklichkeit nach aber erst, wenn sie aus ihrer materiellen Bindung herausgelöst werden. Dieses Herausführen der allgemeinen Formen aus der Möglichkeit ihrer Erkennbarkeit zum wirklichen Erkanntwerden erfordert aber nach dem scholastischen Axiom[8] ein anderes wirkkräftiges Sein *(ens actu)*, welches im Verstand gesucht werden muß, da es, wie wir sahen, nicht das Ding oder auch das Vorstellungsbild sein kann.[9]

Sertillanges drückt es so aus: „Wenn in der Seele das Allgemeine entstehen soll, so sind zwei Bedingungen erforderlich: erstens muß die Seele es aufnehmen können, und das kann sie kraft ihrer Unstofflichkeit; zweitens muß die Seele, da die sinnlichen Gegebenheiten ... von dem Allgemeinen nur seine ‚Grundbestandteile' darbieten, nicht aber seine einheitliche Wirklichkeit, das Vermögen haben, das Allgemeine, das sich in der äußeren oder sinnfälligen Wirklichkeit ‚degradiert' vorfindet, für ihren Zweck wieder zusammenzusetzen".[10]

Sinn dieser Tätigkeit des *intellectus agens* ist das wirkliche Erkanntsein des Allgemeinen, d.h. daß der Intellekt die Form des Dinges empfangen kann, um ihm so eine neue Weise des Seins zu geben. Die *ideae* oder *rationes*[11], durch die Gott als *causa exemplaris* das Seiende hervorbringt, müssen also nun wieder von dieser Materie abgezogen, abstrahiert werden.

In dieser Abstraktion liegt der eigentliche Wendepunkt von der einen zur anderen Ordnung. Thomas gibt folgende Begriffserklärung: *Et hoc est*

---

7 Th. s. th. I. qu. 79,3.
8 Actus est prior potentia. (Th. s. th I. qu. 82, 3 ad 2.) Nihil reducitur de potentia in actum nisi per aliquod ens actu. (Th. s. th. I. qu. 79,3.)
9 Sed quia Aristoteles (Met. III. 4.) non posuit formas rerum naturalium subsistere sine materia; formae autem in materia existentes non sunt intelligibiles actu; sequebatur quod naturae seu formae rerum sensibilium, quas intelligimus, non essent intelligibiles actu. Nihil autem reducitur de potentia in actum nisi per aliquod ens actu, sicut sensum fit actu per sensibile in actu. Oportet igitur ponere aliquam virtutem ex parte intellectus, quae faceret intelligibilia in actu per abstractionem specierum a conditionibus materialibus; et haec est necessitas ponendi intellectum agentem. (Da aber Aristoteles ... nicht annimmt, daß die Formen der Naturdinge ohne den Stoff bestehen, die Formen aber, die im Stoff Dasein haben, nicht der Wirklichkeit nach erkennbar sind, folgt, daß die Natur bzw. das Wesen der sinnlichen Dinge, die wir erkennen, nicht der Wirklichkeit nach erkennbar ist. Nichts nämlich ist aus der Möglichkeit zur Wirklichkeit überführbar, es sei denn durch ein wirkendes Sein; so wie ein Sinn *wirk*lich wird durch ein *wirk*liches Sinnliches. Es ist also notwendig, ein Vermögen auf Seiten des Verstandes anzunehmen, welches das Erkennbare durch die Abstraktion des Wesens von den stofflichen Bedingtheiten zum *Wirklich-Erkannten* macht; dies nötigt uns, einen *intellectus agens* anzunehmen.) ibid.
10 Sertillanges, S. 627.
11 Th. s. th. I. qu. 44,3.

abstrahere universale a particulari vel speciem intelligibilem a phantasmatibus, considerare scilicet naturam speciei absque consideratione individualium principiorum, quae per phantasmata repraesentantur.[12]

Abstrahieren aber ist dies: das Allgemeine gesondert vom Einzelnen, das Erkenntnisbild gesondert vom Vorstellungsbild betrachten, d.h. die Natur (Wesenheit) der Art betrachten fern der Betrachtung der besonderheitlichen Prinzipien, die durch die Vorstellungsbilder dargeboten sind.[13]

Von den Phantasmata also löst der tätige Verstand die Idee *(forma, natura, species).* Da diese eine erkennbare ist *(species intelligibilis),* kann sie nur unser Geist empfangen; insofern nennt Thomas diesen *intellectus possibilis.*[14] Dadurch nämlich, daß der Intellekt nun eine Form *wirk*lich empfangen hat, auf die er vorher nur der Möglichkeit nach angelegt war, ist er aus der Potenz zum Akt fortgeschritten.

Der *intellectus possibilis* hat demnach zwei Seinsstufen; vor der Aktuierung ist er reine Möglichkeit; ohne jede Erkenntnis sein, heißt also, nicht wirklich, sondern nur der Möglichkeit nach Verstand haben: *intellectus possibilis in potentia.* Der bekannte Aristotelische Satz, den auch Thomas zitiert, lautet dort: *intellectus est sicut tabula, in qua nihil est scriptum.*[15] Nach der Aktuierung ist der *intellectus possibilis* nicht mehr *intellectus in potentia,* sondern *intellectus possibilis in actu,* was von dem *intellectus agens* wohl unterschieden werden muß.[16]

Der Mikrokosmos; *similitudo*

Im erkennenden Verstande baut sich also dadurch, daß der Geist sich mit der Natur des Dinges vereinigt, eine neue Welt auf; der Kosmos der Naturwirklichkeit ist der Mikrokosmos im Geiste geworden; und der bedeutsame Aristotelische Satz, daß die Seele in gewisser Weise alles sei[17], besagt, daß jeder vernunftbegabte Geist der Möglichkeit nach alle Dinge der Naturwirklichkeit in sich trägt, sie in „gewisser Weise" ist, was unabgeschwächt ontologisch gemeint ist; soweit er wahre Erkenntnisse besitzt, ist er sie in gewisser Weise wirklich.

Damit, daß „Welt" (Kosmos) gesagt ist, ist gegeben, daß irgendwie Ordnung besteht; in der Verfolgung des Erkenntnisvollzugs, den wir

---

12 Th. s. th. I. qu. 85,1 ad 1.
13 Abstrahit autem intellectus agens species intelligibilis a phantasmatibus, in quantum per virtutem intellectus agentis accipere possumus in nostra consideratione naturas specierum sine individualibus conditionibus. (Der tätige Verstand löst das Erkenntnisbild von den Vorstellungsbildern ab, soweit wir durch die Kraft des tätigen Verstandes die Wesenheiten der Arten ohne ihre individuellen Bedingtheiten in unsere Betrachtung aufnehmen können.) Th. s. th. I. qu. 85,1 ad 4.
14 Th. s. th. I. qu. 79,2.
15 ibd.
16 Vgl. K. Rahner, Geist in Welt. Zur Metaphysik der endlichen Erkenntnis bei Thomas von Aquin, ²1957, 3. u. 4. Kap.
17 Aristoteles, de anima III, 8; bei Thomas zitiert: s. th. I. qu. 14,1; I. qu. 84,2.

betrachteten, müssen nun die Elemente dieser Ordnung in ihrer Wirksamkeit und Bedeutung hervorgehoben werden: Die Ursprünge dieser „Welt im kleinen" sind, wie wir sahen, zwei: erstens die Realwelt und zweitens die Besonderheit des Erkenntnisaktes. Von jedem dieser Ursprünge aus verläuft nun eine Entwicklung:

Einmal wird durch den fortlaufenden Strom der Rezeptivität die Wesensordnung einer Außenwelt in den Geist aufgenommen. Die aufgenommene und die real existierende Ordnung stehen aber nicht im Verhältnis der Gleichheit; hier setzt die durch den *ordo cognitionis* verursachte Veränderung ein. Außenwelt und Welt des Intelligiblen stehen im Verhältnis der *similitudo*.

Das Verständnis dieses Verhältnisses der *similitudo* ist nicht leicht wegen der Vieldeutigkeit und Unbestimmtheit des Begriffs.[18]

Zwischen Kontrarität und Gleichheit dehnen sich unendliche Möglichkeiten der Differenziertheit. Die Analyse erweist sich darum als vielschichtig und nicht endgültig; dazu kommt die vollkommen andersartige Bedeutung dieses an sich schon weiten Begriffs bei der Anwendung auf den göttlichen, engelhaften und menschlichen Verstand. Um alle diese Weisen der Erkenntnis umfassen zu können, muß der Begriff diese „Weitmaschigkeit"[19] haben, die nicht „auf unklarer Erkenntnis unseres Problems, sondern gerade auf möglichst klare Erfassung des Problems schließen läßt".

Die Ähnlichkeit muß sich nun in dem dartun, was beiden Partnern gemeinsam ist; d.h. in dem, was im Ding auf den Verstand bezogen ist; das ist die Wesenheit. Und in dem, was im Verstand auf das Ding bezogen ist; das ist das Erkenntnisbild; dieses nennt Thomas die *species intelligibilis*. Die *species intelligibilis*, insofern sie die *species* des Dinges repräsentiert, ist also Träger der *similitudo*, selbst Ähnlichkeitsbild. *Similitudo rei intellectae, quae est species intelligibilis.*[20] Der Satz erfährt aber eine aufschlußreiche Fortsetzung, was die Begegnung von Ding und Geist in der als *species intelligibilis* bezeichneten *similitudo* angeht: *similitudo rei intellectae quae est species intelligibilis, est forma, secundum quam intellectus intelligit.* (Das Ähnlichkeitsbild des erkannten Dinges, welches das Erkenntnisbild ist, ist die Form, gemäß derer der Verstand erkennt.) Die *similitudo* ist also nicht rein irgend eine besondere Bestimmtheit, die der *res* und der *res*

---

18 A. Hufnagel, Intuition und Erkenntnis nach Thomas v. Aquin, Münster 1932, S. 93 ff. Hufnagel bringt in seiner Untersuchung eine eingehende Analyse. Er unterscheidet dort eine dreifache Form der Ähnlichkeit: 1. einseitig und im eigentlichen Sinne ähnlich ist das Nachgeahmten dem Nachgeahmten (z.B. Photographie – Mensch; Verursachtes – Ursache; Geschöpf – Gott), das Nachgebildete dem Vorbild, des Repräsentierte dem Repräsentierenden; 2. einseitig und im uneigentlichen Sinne ähnlich heißt die Umkehrung dieses ersten Verhältnisses; 3. gegenseitig und im eigentlichen Sinne wird Ähnlichkeit ausgesagt, a) wenn zwei Dinge einem gewissen Dritten in der unter 1. beschriebenen Weise ähnlich sind; b) wenn eine *proportionalitas* besteht; c) wenn die Form die gleiche ist, sei es, daß die Ähnlichen zur gleichen Art oder zur gleichen Gattung gehören oder daß sie die gleiche Form, aber in einer anderen Seinsweise besitzen.

19 ibid. S. 96.

20 Th. s. th. I. qu. 85,2.

intellecta gemeinsam ist, sondern darüber hinaus Formprinzip des Erkenntnisaktes. *Forma secundum quam provenit actio manens in agente est similitudo objecti.*[21] (Das Ähnlichkeitsbild des Objekts ist die Form, gemäß der das Tun, das im Tuenden bleibt – sehen oder verstehen gegenüber schneiden oder wärmen, Handlungen, die nicht im Tuenden bleiben –, hervorkommt.)

Damit ist schon angezeigt, daß die im Moment der Rezeptivität vermittelte Abbildung der Realordnung durch ein neues Prinzip eine Abänderung gegenüber der Wirklichkeit erfährt; eine irgendwie geartete Änderung schon darum, weil es sich nicht um eine Gleichheit, sondern um eine Ähnlichkeit handelt; das Bild ist aber auch nicht Erkenntnisbild rein um der Übereinstimmung in einer materiell-akzidentellen Bestimmtheit willen (sonst wäre unsere Erkenntnis nur sinnliche, welche in der Gleichheit von *species sensibilis* und der äußeren, akzidentellen Form des Dinges besteht), sondern Ähnlichkeit um der Gleichheit der *species intelligibilis* des Intellekts mit der Wesensform des Dinges willen.

Diese Gleichheit liegt in der *forma,* gemäß welcher der Erkenntnisakt hervorgeht; d.h. unter dem Zielpunkt der Gleichheit löst der tätige Verstand in der Abstraktion die Wesensform eines Dinges aus ihren materiellen Bedingungen, um sie als *species intelligibilis* dem aufnehmenden Verstande aufzuprägen, wodurch das Ding eine neue Weise des Daseins als Erkanntes erhält.

Als zweites Ordnungsprinzip dieses neuen Kosmos tritt zu dem aufgenommenen Ähnlichkeitsbild der Realordnung der *ordo secundum modum intelligendi.* Das besagt aber: mit Notwendigkeit entlöst der Intellekt im Erkenntnisakt die realen Dinge ihrer materiellen Bedingungen *(conditiones materiales)* und bietet sie so dem aufnehmenden Verstande dar; der Akt der Abstraktion ist dem tätigen Verstande wesentlich; nur die in der Abstraktion gewonnene *species* oder auch Natur des Dinges kann der Verstand aufnehmen. Der durch die *species* eines Dinges in-formierte aufnehmende Verstand *(intellectus possibilis)* gestaltet dann die *species* zur *species intelligibilis,* zum Erkenntnisbild. *Ordo secundum modum intelligendi,* Ordnung gemäß der Weise des Erkennens, bedeutet also für das Ding als Erkanntes: 1. Entlöstsein von aller Materialität, 2. eine wirkliche Seinsweise als Erkanntes zu besitzen.

Zusammenfassung

Damit läßt sich ein Bild dessen gewinnen, was wir als Ordnung des Erkennens *(ordo cognitionis)* bezeichneten:

ordo cognitionis

ordo adinventus   *ordo secundum modum intelligendi*
(similitudo)   *(Immaterialität – Aktualität)*

ordo rationis (intellectuum)

---

21 ibid.

Die Schritte des *ordo cognitionis* sind also erstens der von der Materialität zur Immaterialität, zweitens der von dem naturwirklichen Dasein zum erkannten Sein, d.h. von der Form/Materie – Existenz zur Form/Geist – Existenz; drittens der von dem Ding zum Ähnlichkeitsbild des Dinges.

Die beiden ersten Schritte bedeuten formale Veränderung; ihre tragende Kraft ist der *intellectus agens.* Der dritte bedeutet die materielle Bindung an die Außenwelt; ihr Träger ist der *intellectus possibilis.*

Damit sind materiales und formales, passives und aktives Element des *ordo* gezeigt; doch noch stehen sie nebeneinander. Beide Elemente müssen noch in ihrer Beziehung und Zuordnung gesehen werden.

Einheit der Ordnungselemente der Rezeptivität und der Aktivität

Von der Realordnung sahen wir, daß sie durch den fortlaufenden Strom der Rezeptivität in die Ordnung des Erkannten hineingenommen wird; wir sahen aber weiter, daß das, was nachher Aufbauelement der Ordnung des Erkannten ist, zu dem Früheren nicht im Verhältnis der Gleichheit, sondern dem der Ähnlichkeit steht. Ähnlichkeit setzt aber mindestens einen Unterschied zwischen den beteiligten Dingen voraus; daraus folgt, daß die Realordnung eine Veränderung erleidet. Wir sahen, daß diese Veränderung darin besteht, daß sie durch die Abstraktion aller Materialität entlöst wird. Die Ursache aber dieser Veränderung ist der Akt des Erkennens oder der *ordo secundum modum intelligendi,* welcher, wie wir oben sagten, unter dem Zielpunkt der Gleichheit die Wesensform eines Dinges aus ihren materiellen Bedingungen löst.

Ordo naturae und *ordo intellectuum* stehen also im *ordo cognitionis* in der Beziehung des Leidenden zum Tätigen.

Darin liegt einmal die Innigkeit ihrer Vereinigung begründet, aus der allein die neue, selbständige Ordnung des Erkannten *(ordo intellectuum)* hervorgehen kann. Nicht nämlich ist es so, daß die Realordnung von irgendetwas eine Veränderung erführe, um sich dann als Element der neuen Ordnung darzustellen; ferner ist es nicht so, daß der Akt des Verstandes irgendwie wirkt, um dann eine äußere Verkettung mit der Ordnung des Realen einzugehen. Er ist so, daß beide Ordnungselemente aufeinander hingerichtet sind, so daß die Ordnung der Erkenntnisweise ihre Aktualität der Realordnung zuwendet, die Realordnung andererseits ihr Erleiden durch den Erkenntnisakt in dessen besonderer Ordnung erfährt.

Darin liegt aber nun auch eine Rangordnung: Wenn es oben[22] den Anschein haben konnte, als ob der Intellekt niederer sei als das Ding, da er ja analog Material ist, welches die Form des Dinges empfängt, so ist hier das Verhältnis umgekehrt, indem die Ordnung der Erkenntnisweise im *intellectus agens* das aktive Prinzip ist gegenüber der Realordnung in dem Ding als leidendem Prinzip. Keines dieser Verhältnisse wird verabsolutiert werden dürfen.

---

22 S. 22.

II. Abschnitt
Ursprung und Entstehung
des ordo naturae

3. KAPITEL
Sein und Ordnung

Einleitung

Gegenstand des Folgenden ist nicht die Aufzählung der einzelnen Stufen einer Seinsordnung und ihre gegenseitige Abgrenzung, wenn man den Weg vom vollkommensten Sein bis zum unvollkommensten herabsteigt.[1] Auch soll nicht in einer Aufhellung der Wesenstiefe der Dinge der innere Zusammenhang aller Seinsstufen und darüber hinaus alles Seienden mit seinem Ursprung aufgezeigt werden; Thema ist also nicht die Darstellung einer Weltordnung. Schließlich will das Folgende nicht die Frucht des von den mittelalterlichen Denkern tief verstandenen Ordo-Gedankens darstellen; d.h. die Auswirkung und den Einfluß, den dieser Gedanke in der Weltschau der Völker, im deutschen Königtum und christlich-abendländischen Kaisertum, in Kultur und Lebensauffassung der Menschen des Hochmittelalters ausgeübt hat.[2]

Gegenstand dieser Arbeit soll die ontologisch-metaphysische Fragestellung sein nach dem Ursprung und Wesen, nach Bedingungen und Erscheinungsformen jenes Ordo-Gedankens. Wie wir sehen werden, wird sich der Ordnungsbegriff als ein Begriff von kaum greifbarer Weite erweisen. Dem gegenüber droht eine gefährliche Inhaltsleere, die ein Mißverständnis des Begriffs heraufbeschwört, das allenthalben in der Geschichte der Philosophie nicht zu ihrem Heile aufgetaucht ist. Innerhalb dieses weiten Begriffes etwas von seiner gedanklichen Fülle, seiner inhaltlichen Tiefe und seiner Bedeutsamkeit darzustellen, soll im Folgenden versucht werden; denn die Bedeutungstiefe dieses Gedankens abzumessen, muß Voraussetzung sein für alle sonstige Darstellung des *ordo*, wenn nicht durch Mißverständnis und Vereinfachung ein Weltbild von unbeweglicher Starrheit, durch oberflächliche Verharmlosung ein Weltbild von naiver Harmonie gezeigt werden soll.

Darum stellen wir die Frage, wie der Ordo-Gedanke in der Philosophie des Mittelalters gründete, als die Frage nach seiner ontologischen Fundierung.

Dasein und Ordnung

„Wer ist so verblendet im Geiste, daran zu zweifeln, daß es in den beweglichen Körpern etwas an Vernunft gibt, was jenseits der Ordnung und des Willens der Menschen liegt, etwas wie göttliche Mächtigkeit und Maßgebung? Wenn nicht von ungefähr oder durch Zufall, dann sind die

---

1 Vgl. C. Feckes, Die Harmonie des Seins, Paderborn 1937.
2 Th. Steinbüchel, Christliches Mittelalter, Leipzig 1935, S. 65–133. – A. Dempf. Sacrum Imperium, München und Berlin 1929, S. 361 ff. – G. Duby, Les trois Ordres ou l'imaginaire du feódalisme, Paris 1978; dt.: Die drei Ordnungen. Das Weltbild des Feudalismus, Frankfurt 1981.

Glieder aller Lebewesen, auch der unscheinbarsten, nach bestimmten und genauen Maßstäben gebildet. Sollte das jemand als Zufall verneinen, so muß es als durch Vernunft gemacht einsichtig werden; oder wir wagen es, das, was wir durch die gesamte Natur hindurch im einzelnen und in jedwedem Ding als keineswegs hinreichend durch menschliche Kunst geordnet bewundern, der verborgenen Herrschaft der Majestät durch den Unsinn irgendeiner leeren Meinung zu entfremden ... Nichts anderes nämlich stößt weniger unterrichteten Menschen zu, die mit haltlosem Geiste die Allgeordnetheit und Harmonie aller Dinge nicht zu erfassen und zu durchschauen vermögen; sie glauben, wenn sie etwas anstößt, daß, da es ihrem Verstand groß erscheint, den Dingen eine große Häßlichkeit anhafte."[3]

Das Dasein von Ordnung läßt sich nicht beweisen im Sinne eines mathematischen Beweises; dieser reicht eben bis zur Grenze der Mathematik; nicht aber in die Metaphysik. Auch eine noch so ausführliche Aufzählung von Ordnungsphänomenen in der Natur würde keinen stringenten Beweis darstellen und noch weniger Überzeugungskraft haben; denn hinter der beliebig langen Kette der Beispiele dehnt sich eine Endlosigkeit, in der sich über Ordnung und Chaos nichts entscheiden läßt. Die Erkenntnis des Daseins von Ordnung ist unmittelbar; sie ist „evident", wie das Dasein von Einheit und Wahrheit evident ist. Diese Evidenz ist nicht absolut; Zweifel und Frage drängen sich auf wie bei jedem Sein, dessen letzte Gründe hinter jener Grenze liegen, die unserm Denken gesetzt ist. Eine Verneinung der Ordnung aber wäre ein Wagnis gleich dem Wagnis der Auflehnung gegen einen Gott.

Wenn die Evidenz nicht in ihrer ursprünglichen Klarheit leuchtet, so liegt es nicht an der Ordnung, die ewig ist, sondern an dem Menschen, der um der Kraftlosigkeit seines Geistes willen unfähig geworden ist, die Wahrheit zu fassen; denn „die Sinneskraft und der Geist sind bestimmt, in den Dingen die Ordnung und den vernünftigen Sinn zu entdecken".[4] Darum ist es nicht verwunderlich, daß bei großen Denkern die Idee eines „Kosmos" oder eines *ordo* sehr tief erfaßt war. Albert der Große führt in seinem Artikel *Utrum omnia sint ordinata*[5] die drei größten Philosophen der Vorzeit als Zeugen an: Augustinus, Plato, Aristoteles. Das erste Zeugnis lautet: *Dicit enim Augustinus, quod omnia creavit Deus in modo, specie et*

---

3 Quis tam caecus est mente, ut quicquam in movendis corporibus rationis quod praeter humanam dispositionem ac voluntatem est, divinae potentiae moderationique dare dubitet? Nisi forte aut casibus tam rata subtilique dimensione vel minutissimorum quorumque animalium membra figurantur; aut quod casu quis negat, possit nisi ratione factum fateri; aut vero per universam naturam, quod in singulis quibusque rebus nihil arte humana satagente ordinate miramur, alienare a secretissimo majestatis arbitrio ullis nugis vanae opinionis audebimus .... Nihil enim aliud minus eruditis hominibus accidit, qui universam rerum coaptationem et concentum imbecilla mente complecti et considerare non valentes, si quid eos offenderit, quia suae cogitationi magnum est magnam putant rebus inhaerere foeditatem. (Aug. de ord. cap. 1 (2))
4 Sertillanges, S. 59.
5 Alb. s. de creat. II. qu. 81,3.

ordine (Alles schuf Gott nach Maß, Art und Ordnung).[6] Das zweite Zeugnis lautet: *Item Plato in Timaeo: Omne visibile corporeum motu importuno fluctuans necque umquam quiescens Deus redegit in ordinem, sciens ordinatorum fortunam confusis inoordinatisque praestare* (Alles sichtbar Körperliche, das in unglückseliger Bewegung flutet und nie ruht, wies Gott in eine Ordnung, wissend, daß das Schicksal des Geordneten höher sei als das des Verworrenen und Ungeordneten).

Aristoteles' Zeugnis lautet: *Nihil eorum inordinatum est, quae natura et secundum naturam sunt: natura enim omnibus causa ordinationis est.* (Nichts, was Natur oder gemäß der Natur ist, ist ungeordnet; denn die Natur ist für alles die Ursache der Ordnung.)[7]

Wenn wir von den Aussagen über das Wesen der Ordnung, die hier gemacht werden, noch absehen, so tritt doch das Bewußtsein der Einsicht in das *Dasein* von Ordnung in allen drei Aussagen mit einer nahezu vollkommenen Klarheit und einem spürbar letzten Ernst hervor.

Aus der Frage aber, ob es überhaupt Ordnung im Sein gibt, erhebt sich sogleich die folgende: ob a l l e s S e i n Ordnung habe oder ob es auch ein Sein außerhalb aller Ordnung gibt.

Ordnung und Sein

Ein Sein, das in keinem Zuordnungsverhältnis zu einem andern steht, kann keine Beziehung zu diesem haben; um aber ein Seiendes zu sein, müßte es zum mindesten die Beziehung aufweisen, daß Sein von ihm ausgesagt werden könnte, wenn auch nur analoger Weise. Da aber keine Beziehung besteht, kann auch Sein von ihm in keiner Weise ausgesagt werden. Andererseits ist die Unmöglichkeit eines Seins außerhalb jeder Ordnung noch ersichtlicher daraus, daß dieses „Sein" auch keine Zuordnung zu seiner Ursache hätte; es wäre also nicht verursacht – folglich wäre es nicht; oder aber es wäre unverursachtes Sein – d.h. es wäre erste, absolute, unendliche Ursache; diese nennt Thomas Gott. Gott steht außerhalb jeder Ordnung[8], da jede Ordnung Gegenstand seiner Wahl und seiner schöpferischen Macht ist. Und doch ist der Begriff Gottes ganz in den der Ordnung getaucht; nicht nur um der Ordnung in der Schöpfung willen, die ganz aus

---

6 Der von Albert in indirekter Rede zitierte Passus lautet: Haec ergo tria, modus, species, ordo, tanquam generalia bona sunt in rebus a Deo factis, sive in spiritu, sive in corpore. (Aug. de nat. bon. cap. III)

7 Vgl. Plato, Timaios (30 a): „Da nämlich Gott wollte, daß, soweit es möglich, alles gut und nichts schlecht sei; da er aber alles, was sichtbar war, nicht in Ruhe, sondern in regelloser und ungeordneter Bewegung vorfand, so führte er es denn aus der Unordnung in die Ordnung hinüber (εἰς τάξιν αὐτὸ ἤγαγεν ἐκ τῆς ἀταξίας), weil er der Ansicht war, daß dieser Zustand schlechthin besser als jener sei." (Übers. F. Susemihl).
Vgl. Aristoteles, Physik VIII, 1 (252 a 11–12): „Aber nun ist ja auch nichts von demjenigen, was von Natur aus und naturgemäß besteht, ungeordnet; denn die Natur ist für alles eine Ursache einer Ordnung (ἡ γὰρ φύσις αἰτία πᾶσι τάξεως). (Übers. C. Prantl).

8 Th. s. th. I. qu. 13,7 – I. qu. 28,1 ad 3.

ihm ist[9], und um der Zuordnung der Gesamtheit der Schöpfung zu ihm, sondern vor allem, weil wir uns seinem Wesen am besten durch die Analogie einer innergöttlichen Ordnung nähern können, welche den *ordo naturae* an Verborgenheit und Erhabenheit noch übersteigt.

Ein „Sein", das in keiner Ordnung steht, ist ein „Nicht-Sein"; und umgekehrt: Das reine Nicht-Sein hat keine Ordnung (*non ens pure non habet ordinem*).[10] Jedes Sein ist geordnet: *ordo dicit rationem completi esse*[11] (Ordnung trifft den Begriff des vollständigen Seins). Das Gesamtsein steht in einem Ordnungsverhältnis, außerhalb dessen kein Sein ist.

Thomas führt einen Beweis nach dem Kausalprinzip[12]: So weit erstreckt sich die Ordnung der Handlungen auf ein Ziel, als die Verursachung des ersten Handelnden reicht. Das Verursachen (*causalitas*) Gottes erstreckt sich auf alles Sein, nicht nur auf die Artprinzipien, sondern auch auf die Individualprinzipien, nicht nur auf das Unzerstörbare, sondern auch auf das Zerstörbare; darum muß alles, was irgendwie Sein hat, notwendig von Gott auf ein Ziel hingeordnet sein (*necesse est omnia, quae habent quocumque modo esse, ordinata esse*[13]); oder Augustinus: *totum igitur ordine includitur* (alles wird von der Ordnung eingeschlossen).[14]

ordo und die Transzendentalien

Bei dieser engen Verknüpfung der Begriffe *ens* und *ordo* scheint letzterer außerordentlich nahe bei dem zu liegen, was die scholastische Philosophie ein Transzendental nennt. „Transzendental bezeichnet das, was über allen Gattungen steht und ihnen allen eigen ist."[15]

Wir haben gezeigt, daß Ordnung allen Gattungen zukommt, da alles Sein geordnet ist, und ebenso steht sie über allen Gattungen, da die Gattungen von ihr umfaßt werden und sie diese zur Einheit bindet. Und doch ist gerade die Frage nach der Einheit, dem ersten der Transzendentalien, die Schwierigkeit. Der kontradiktorische Gegensatz zu dem *unum quod convertitur cum ente* ist die Vielheit; *multitudo ei opposita*[16]. Vielheit aber ist Voraussetzung für Ordnung; also ist hier der Terminus „Einheit", der im Zusammenhang mit Ordnung gebraucht wird, keinesfalls univok mit dem transzendentalen *unum*. Im analogen Sinne meint Einheit hier, „die Einträchtigkeit der Teile, welche die Einheit nachahmt; und insoweit die Teile diese erreichen, haben sie Sein. Darum meint Ordnung Sein und

---

9 Vgl. die beiden folgenden Kapitel.
10 Alb. s. de. creat. I. qu. 1,2.
11 Bonav. I. Sent. dist. 20, art. 2, qu. 1.
12 Th. s. th. I. qu. 22,2.
13 Th. s. th. I. qu. 22,2.
14 de ord. I. 7 (19).
15 Sertillanges S. 62.
16 Quodl. X. 1.1.

Unordnung wahrlich Nicht-Sein".[17] Einheit ist also hier im Sinne von „Einträchtigkeit der Teile" (*concordia partium*) gemeint. Wenn Ordnung als Transzendental demgemäß nicht auf eine Stufe mit dem ersten Transzendentalbegriff *unum* gestellt werden kann (seine genaue Stellung wird unten noch bestimmt), so bestätigen sich doch auch hier ihre transzendentalen Eigenschaften insofern, als Ordnung durch die Einträchtigkeit die Einheit anstrebt und nachahmt; soweit aber diese erreicht wird, ist Sein erreicht. So kommt Augustinus zu der Folgerung, daß Sein Ordnung meint und Unordnung wahrlich Nicht-Sein, was die Möglichkeit behauptet, daß die Begriffe „vertauschbar" seien.

Ja, Augustinus geht dann so weit, tatsächlich den Begriff der Ordnung mit dem des Seins zu vertauschen[18]: *Haec vero quae tendunt esse, ad ordinem tendunt: quem cum fuerint consecuta, ipsum esse consequuntur, quantum id creatura consequi potest* (Die streben wahrhaft nach Sein, die nach Ordnung streben. Wenn sie die Ordnung erreicht haben, haben sie das Sein selbst erreicht, insoweit ein Geschöpf dieses erreichen kann).

Begriffe, die mit dem Begriff des Seins vertauscht werden können, drücken nach Thomas „einen Seinsmodus" aus, der durch den Namen „Sein" selbst nicht ausgedrückt ist; so will der Name *res* über *ens* hinaus die Wesenheit eines Dinges hervorheben; *indivisio* das gleiche in negativer Aussageform. *Aliquid* stellt die Abgrenzung gegen anderes Sein in den Vordergrund; Thomas leitet es von *aliud quid* ab. *Verum* ist das Sein, sofern es dem menschlichen Geist entspricht; *bonum,* sofern es dem Wollen entspricht.[19]

Auch in der Vertauschung der Begriffe Sein und Ordnung ist eine bestimmte Seite des Seins herausgekehrt, die jedem Sein zukommt, aber durch den Terminus „Sein" allein nicht deutlich wird.[20] Hier ist Sein gemeint, insofern ein Geschöpf dieses erreichen kann und insofern es dieses sein Sein bewahrt.[21] Mit anderen Worten: Ordnung fügt dem Begriff des Seins nicht mehr hinzu als die Fülle des Seins, die von einem Seienden erreicht werden kann, was bei Gott die absolute Seinsfülle besagt, bei den Geschöpfen die jeweils ordnungsgemäße Stufe.[22]

---

17 Nihil est autem esse, quam unum esse. Itaque inquantum quidque unitatem adipiscitur, in tantum est. Unitatis est enim operatio, convenientia et concordia, qua sunt in quantum sunt, ea quae composita sunt: nam simplicia per se sunt, quia una sunt; quae autem non sunt simplicia, concordia partium imitantur unitatem, et in tantum sunt in quantum assequuntur. Quare ordinatio esse cogit, inordinatio vero non esse. (Aug. de mor. manich. II. 6)

18 ibid.

19 de verit. I. 1. Vgl. Anm. 23.

20 ... exprimunt ipsius modum, qui nomine ipsius entis non exprimitur. (ibid.)

21 Et cum ibi sunt, ubi esse per naturam ordinem debent, quantum acceperunt, suum esse custodiunt (und wenn sie da sind, wo sie nach der Naturordnung sein sollen, bewahren sie ihr Sein, insoweit sie Sein empfangen haben.) Aug. civ. Dei XII, 5.

22 Vgl. Th. Steinbüchel: Die philosophische Grundlegung der katholischen Sittenlehre, Düsseldorf 1938. II. „Es ist die Erfahrung der Kontingenz alles Seienden, die als metaphysischer Grundgedanke diesem Ordnungsgedanken zu Grunde liegt." (S. 12)

In diesem Sinne kann man *ordo* unter die Transzendentalien rechnen, wenn er auch nicht in einer Linie mit dem *unum* steht, da der oben gebrauchte Begriff „Einheit" nicht der transzendentale, sondern nur ein diesem analoger ist, der die Vielheit voraussetzt.

Wegen der Weite des Begriffes müssen wir uns jedoch hüten, jedesmal hinter dem Terminus *ordo* eine transzendentale Aussage zu vermuten, wie ja auch die Termini „Einheit" und „Güte" u.a. nicht immer im transzendentalen Sinne gebraucht werden. Hier handelt es sich darum, durch die Darlegung seiner transzendentalen Eigenschaften den logischen Rang des Begriffes zu zeigen.

Diesem wird noch besser gedient im Folgenden[23]: In diesem Text gibt Thomas eine Ableitung der Transzendentalien; wir stellen dabei fest, daß der Begriff des *ordo* früher auftaucht als der der Transzendentalien selber; ja, daß ohne den Begriff des *ordo* die Ableitung nicht möglich wäre.

---

23 Alio modo ita quod modus expressus sit modus generaliter consequens omne ens; et hic modus dupliciter accipi potest; uno modo secundum quod consequitur omne ens in se; aliomodo secundum quod consequitur unumquodque ens in ordine ad aliud. Si primo modo, hoc dicitur, quia exprimit in ente aliquid affirmative vel negative. Non autem invenitur aliquid affirmative dictum absolute quod possit accipi in omne ente, nisi essentia eius, secundum quam esse dicitur; et sic imponitur hoc nomen *res* quod in hoc differt ab ente, secundum Avicennam in principio Metaphys., quod ens sumitur ab actu essendi, sed nomen rei exprimit quidditatem sive essentiam entis. Negatio autem, quae est consequens omne ens absolute, est indivisio; et hunc exprimit nomen *unum:* nihil enim est aliud unum quam ens indivisum.

Si autem modus entis accipiatur secundo modo, scilicet secundum ordinem unius ad alterum, hoc potest esse dupliciter. Uno modo secundum divisionem unius ab altero; et hoc exprimit hoc nomen *aliquid;* dicitur enim aliquid quasi aliud quid; unde sicut ens dicitur unum, in quantum est indivisum in se, ita dicitur aliquid, in quantum est ab aliis divisum. Alio modo secundum convenientiam unius entis ad aliud; et hoc quidem non potestesse nisi accipiatur aliquid quod natum sit convenire cum omni ente. Hoc autem est anima, quae quodammodo est omnia, sicut dicitur in III de anima –. In anima autem est vis cognitiva et appetitiva. Convenientiam ergo entis ad appetitum exprimit hoc nomen *bonum,* ut in principio Ethic. dicitur: bonum est quod omnia appetunt. Convenientiam ergo entis ad intellectum exprimit hoc nomen *verum.* (Der ausgedrückte Seinsmodus kommt allgemein allem Sein zu. Das kann in zweifacher Weise verstanden werden: einmal, daß er sich auf das Sein in sich bezieht; dann, daß er sich auf ein jedes Sein in Ordnung zu einem anderen bezieht. Wenn auf die erste Weise, dann, weil er in dem Sein etwas bejahend oder verneinend ausdrückt. Absolut gesprochen gibt es aber nichts Bejahendes, das für jedes Sein gelten könnte, außer seiner Wesenheit, entsprechend der es Sein genannt wird. So wird der Name *res* (Ding) gesetzt, der sich nach Avicenna darin von „Sein" abhebt, daß „Sein" vom Seinsakt genommen wird, der Name „Ding" aber die Washeit oder das Wesen des Seienden ausdrückt. Die Verneinung aber, die aus jedem Seienden absolut folgt, ist die Ungeteiltheit, und das drückt der Name *unum* (eines) aus; eines ist nämlich nichts anderes als ungeteiltes Sein.

Wenn aber der Seinsmodus in der zweiten Weise genommen wird, d.h. entsprechend der Ordnung eines auf ein anderes, so kann das zweierlei sein: einmal Abteilung eines vom anderen; das drückt der Name *aliquid* (etwas) aus. *Aliquid* kommt nämlich von *aliud quid* (ein anderes Was); wie „eins" gesagt wird, insofern Sein in sich ungeteilt ist, so wird „etwas" gesagt, insofern es von anderen unterschieden ist.

Dann die Entsprechung eines und eines anderen Seins. Dies kann nur sein, wenn man etwas annimmt, das dazu da ist, allem Sein zu entsprechen. Dies aber ist die Seele, die auf gewisse Weise alles ist, wie in *de anima* gesagt ist. In der Seele aber ist die Fähigkeit, zu

Thomas sieht einen Seins-Modus, der allem Sein zukommt, in zweifacher Möglichkeit: einmal in bezug auf es selbst; hier stellt er als positiv die Wesenheit fest; Wesenheit, gemäß der ein Sein seiend genannt wird, kommt jedem zu; der Name „Ding" drückt das aus. Negativ besagt das die innere Ungeteiltheit (*indivisio*). Diese ist das erste Merkmal des *unum*.

Die zweite Möglichkeit eines solchen Seins-Modus liegt, allgemein gesprochen, in der Zuordnung eines zu einem anderen. Diese Zuordnung kann einen doppelten Charakter haben: den des Auseinanderstrebens und den des Zueinanderstrebens. Dem ersten entspricht das „Geschiedensein vom Anderen" (*divisum ab altero*); dies ist das zweite Merkmal des *unum*, dessen Begriffsbestimmung mit der Zusammenfügung des inneren und äußeren Elementes abgeschlossen ist.

Dem zweiten entspricht die Angemessenheit (*convenientia*), die sich bei der Bestimmung der Transzendentalien den beiden damals angenommenen Seelenkräften zuwendet: dem Denken und dem Wollen. Die *convenientia* des Seins gegenüber dem Verstande ist sein „Wahr-Sein"; die *convenientia* des Seins gegenüber dem Wollen ist sein „Gut-Sein".[24]
Folgendes Schema faßt das Gesagte zusammen:

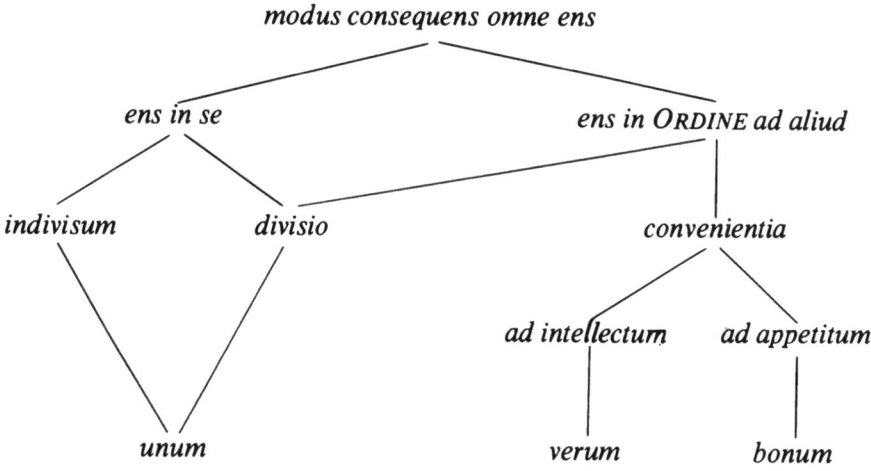

<hr />

erkennen und zu streben. Die Entsprechung des Seins gegenüber dem Streben drückt der Name „gut" aus; wie zu Anfang der Ethik gesagt ist: gut ist, was alle anstreben. Die Entsprechung des Seins gegenüber dem Verstande drückt der Name „wahr" aus.) de verit. I, 1. – Vgl. A. Krempel, La Doctrine de la relation chez S. Thomas, Paris 1952. – Ders., Anerkannte Thomas v. Aquin transzendentale Beziehungen? In: Philos. Jb. 67 (1957), S. 171–179.

24 *convenientia* findet sich bei Augustinus häufig. Es ist ein echt Augustinischer Gedanke, daß dem Ding auf Grund seiner Natur, welche in Gott als Idee vorausgeschaut ist, ein bestimmtes Sein zukommt. Ist also in der Ordnung der Natur ein „Zusammen-Kommen" von Idee und wirklichem Sein erreicht, dann ist die *convenientia* vollkommen. Thomas hat diesen Gedanken an entscheidenden Punkten aufgegriffen (vgl. Anm. 23). – Hier hat das Wort den Sinn, daß beim Zusammen-Kommen von Sein und Verstand oder Wollen, d.h. in der Erkenntnis und im Streben, das Sein dem Partner angemessen (*convenienter*) erscheint: dem Verstande wendet es sich als „wahr-wißbares", dem Wollen als „erstrebenswert-gutes" Sein zu.

An Hand dieser Darstellung wird dem Ordo-Begriff eindeutig seine Stellung in bezug auf die Transzendentalien zugewiesen werden können. Wir können *ordo* nicht als vierten oder fünften Transzendentalbegriff neben das *unum, verum, bonum* oder *pulchrum* stellen. Er steht vor ihnen.

Alle in dem Schema verwendeten Begriffe haben die Eigenschaften eines Transzendentals *(ens in se, ens in ordine, indivisio, divisio, convenientia* etc.). Bestimmte sinnvolle Zusammenfassungen transzendentaler Eigenschaften sind die Transzendentalien. Vor ihnen und zu ihrer Konstituierung notwendig steht der Begriff des *ordo*; nicht so, als ob er „transzendentaler" sei als die anderen, was in sich ein Widerspruch wäre, sondern bloß – wie Albert[25] sagen würde – einmal dem *ordo disciplinae* nach, so „wie die Buchstaben in der Wissenschaft der Grammatik früher sind als die Silben und das Vorwort in einer Schrift vor der Abhandlung steht"; d.h. er dient zu ihrer Grundlegung. Dann aber der Würde nach (*ordo secundum dignitatem*), da er sie selbst wiederum in einer höheren Einheit zusammenfaßt; die erste Stelle nimmt die Einheit ein; ohne Einheit ist nichts dem Geiste zugänglich; d.h. ohne Einheit kann kein Seiendes ein *verum* genannt werden; ohne Erkenntnis aber kann nichts als „gut" oder „schön" empfunden oder angestrebt werden.

So können wir zusammenfassen: Der Ordo-Begriff steht in seiner Weite und Erhabenheit über jeder Gattung und über den Transzendentalien. Ordnung kommt jedem Sein zu; außerhalb der Ordnung ist kein Sein denkbar.

---

25 Alb. s. de creat. II. qu. 81,3.

4. KAPITEL

Ursprung der Ordnung

Prinzip der Ordnung

Wenn wir nun nach dem Ursprung der Ordnung fragen, so wird genau nach dem *Woher* gefragt. Die Frage nach dem Ursprung der Ordnung ist nicht die Frage nach dem *Warum*; denn Ordnung ist selber der Begriff eines Grundes von Sein und Sinn. Umso eindringlicher stellten die mittelalterlichen Denker die Frage nach dem Ursprung und dem Hervorgang der Ordnung.

Ordnung ist über die wesensgemäße Einreihung und „Zuteilung des Standortes"[1] hinaus die Hinrichtung eines Dings auf die anderen Dinge und auf sein letztes Ziel.[2] Entsprechend dieser doppelten Möglichkeit des Aspektes der Einreihung und der Hinrichtung taucht auch bei vielen mittelalterlichen Philosophen der Terminus *ordo* fast nur in zwei Verbindungen auf: In einem Fall wird das Objekt genannt (*ordo creationis; ordo naturae; ordo idearum* etc.); diese Verbindung gibt den Gegenstand an, der geordnet ist, und den Standort. Die zweite Verbindung ist gekennzeichnet durch das *ad* (*ordo ad finem, ad invicem, ad totum, ad ultimum, ad principium* und viele mehr); dieses *ad* drückt ursprünglich die Hinrichtung einer räumlichen Bewegung auf ein Ziel aus, die einen Ausgang hat, einen Fortlauf nimmt und einem Ziel zustrebt.[3] Wir fragen also nach dem Prinzip der Ordnung, wie wir nach dem ersten Beweger fragen, von dem alle Bewegung ausgeht.

Das Besondere der Ordnungsbewegung gegenüber der Bewegung der Körper ist, daß sie ein geistiges Element in der Natur der Dinge ist. Ist damit behauptet, der Stein „sei so etwas wie Geist? Keineswegs. Aber etwas Geistiges sei in ihm enthalten? Ohne Zweifel! Denn etwas Geistiges verbirgt sich ganz sicher in seinem Wesen, insofern er uns eine ganz bestimmte Ordnung und Einheit darbietet. Es ist zum mindesten Geistigkeit in ihm objektiviert."[4]

In dem Einfachen an sich ist keine Ordnung, sondern Indifferenz; es ist ein Grenzbegriff. Auch ist noch nicht Ordnung in einem Einfachen und noch einem Einfachen. Erst in der besonderen Neigung und Stellung zueinander liegt die Ordnung, die das absolute Ding selbst nicht *hat*, sondern die zwischen den Seienden schwebt und die nur der erkennende

---

1 Aug. civ. Dei XIX, 13.

2 Quaecumque autem sunt a Deo, ordinem habent ad invicem et ad ipsum Deum. (Th. s. th. I. qu. 47, 3 bzw. 4. – Man beachte die unsichere Zählung der Artikel.

3 Die Verbindung *ordo secundum* (*tempus, locum, dignitatem* etc.) ist eine Besonderung der ersten Art: die Gegenstände bekommen in einer besonderen Hinsicht ihre Standorte angewiesen.

4 P. Wust, Dialektik des Geistes (Augsburg 1928) S. 52. – Jetzt in: Gesammelte Werke, Bd. III, 1. Teil, Münster 1964, S. 79.

Verstand bewußt *hat*.[5] Das Ding hat kein Bewußtsein von Ordnung
überhaupt oder von seiner besonderen Ordnung; es steht in willenloser
Gebundenheit an das Gesetz der Notwendigkeit; durch diese Gebundenheit
an die Notwendigkeit wird es aber erst vom *Gut* zum *Sehr gut*, zum
optimum. Der Verstand erkennt durch die Notwendigkeit hindurch die
Ordnung des Alls. Bergson geht so weit zu sagen, daß die Ordnung der sich
in den Dingen wiederfindende Geist sei[6]; daß also gleichsam der Geist sich
vorher als Form und Ordnung in die Dinge hineinbegeben hätte und nun in
der Anschauung der Dinge sich selbst dort wiederfinde.

Der erste, der über die pythagoräische Erkenntnis von der mathematischen Ordnung der Dinge hinaus zu der Erkenntnis einer *Geistigkeit* in den
Dingen kam, welche die Welt zu einem ,,ewig lebenden Feuer" macht, das
,,nach Maßen erglimmt und nach Maßen verlöscht"[7], war Heraklit. Diese
in ewiger Bewegung sich befindende Geistigkeit ist der *logos,* der ,,Lenker
des Alls".[8] Mit diesem *logos* meint Heraklit nicht einen transzendenten
Gott, sondern ein weltimmanentes Prinzip, das auch der Seele innewohnt[9],
das ewig ist wie sie selbst und ,,nach dem alles geschieht"[10]. *Logos* ist das
Maß alles Werdens und Geschehens, er ist das Prinzip, nach dem sich die
Dinge um uns ordnen. Dieser Kosmos ist derselbige für alle Wesen,
unerschaffen.[11] Diese Ordnung ist nicht Vorsehung (*providentia*) und in
diesem Sinne in den Dingen gegenwärtige Geistigkeit; dieser Kosmos ,,war
immer da und ist und wird sein ein ewig lebendes Feuer" – πῦρ ἀείζωον.[12]
Da alle Dinge ,,Verwandlungsformen dieser einzigen Grundsubstanz
sind"[13], so ist die Ordnung ,,ewig lebendes Feuer, nach Maßen erglimmend
und nach Maßen verlöschend".[14]

Heraklit erkennt eine Urform des Seins; er nennt sie Feuer. Je nachdem
dieses Feuer verglimmt oder verlöscht, sind die Dinge verschieden; diese
Verschiedenheit hat ihre Maße. Dieses Maß ist der Logos, ,,nach dem alles
geschieht", wodurch der Logos in uns eine bestimmte Ordnung erkennt.
Der Logos in uns ist als Maß des Werdens der Dinge und allen Geschehens
überhaupt in den Dingen objektiviert; darum entdeckt der Logos als
,,seinserhaltende Kraft unserer Seele" die Welt als Kosmos.[15] Schon hier bei

---

5 ... quia sapientia est potissima perfectio rationis, cuius proprium est cognoscere ordinem.
  ...ordinem tamen unius rei ad aliam cognoscere est solius intellectus aut rationis. (In Eth.
  I. 1. prin.)
6 H. Bergson, L'Evolution créatrice (1907), Paris ²1913, S. 243.
7 Frag. 30 (A. Diels, Fragmente der Versokratiker, Berlin 1906).
8 λόγωι τῶι τὰ ὅλα διοχοῦντι. Frag. 72.
9 Frag. 115.
10 Frag. 1.
11 Frag. 30.
12 ibid.
13 W. Nestle, Die Vorsokratiker, Jena 1908.
14 Frag. 30.
15 Dies ist die eigentlich neue und große Erkenntnis Heraklits gegenüber den Naturphiloso-
   phen der Vorzeit und seiner Gegenwart.

den Anfängen der abendländischen Philosophie – leichter dann für die Blüte der antiken Philosophie – läßt sich deutlich machen, daß das Phänomen der Ordnung erst und nur in dem besonderen Bereich des Geistigen gefaßt werden kann. Daraus schließen wir auf den Ursprung: nämlich, daß das Prinzip der Ordnung ein geistiges sein muß.[16] Es wäre ein Widerspruch gegen den Satz vom zureichenden Grunde, wenn wir behaupten würden, diese geistige Bewegung in den Dingen, auch in den materiellen, stamme aus der Materie selbst; sie muß einen geistigen ersten Beweger haben, über dessen Immanenz oder Transzendenz damit noch nichts ausgesagt ist.

Kann der Mensch Ursprung dieser Ordnung sein? Dies anzunehmen, ist schon deswegen schwierig, weil es „den Menschen" – was ein Allgemeinbegriff ist – nicht als Naturwirklichkeit gibt und er nur in der konkreten Person wirklich ist. Die Frage lautet also, ob der konkrete Einzelmensch Urheber des *ordo* sein kann. Wenn wir aber betrachten, wie dieser Mensch selbst und seine Vernunft nur ein Glied in der Kette ist, wie diese Ordnung, die aus dem menschlichen Geiste stammen soll, noch viel Höheres umschließt als diesen selbst; wenn wir endlich sehen, wie stark sich der Mensch gerade dank seiner geistigen Kräfte gegen die Ordnung auflehnt, sie zu durchbrechen sucht und anstatt sie zu halten, von ihr gehalten wird, scheint es uns schwierig zu rechtfertigen, gerade hier den Ursprung suchen zu wollen.

Dem Mittelalter galt der Gott der Bibel als der Ursprung der Ordnung, da er Urheber und Fülle des Seins ist.[17] Da alles Sein geordnet ist, kann keines die Ordnung selbst gesetzt haben, weil es sonst vor der Setzung der Ordnung ohne Ordnung und mithin ohne Sein gewesen wäre. So kann der Ursprung der Ordnung nur das absolute Sein sein. *Hoc bonum ordinis in rebus creatis existens a Deo creatum est*[18] (dieses Gut der Ordnung, das in den geschaffenen Dingen besteht, ist von Gott geschaffen). Man könnte noch die Ansicht vorbringen, daß die Ordnung schon vor den Dingen gewesen sei und insofern nicht erschaffen, sondern ewig wäre. Inwieweit das zutrifft, werden wir noch bei der Untersuchung über die Ordnung in Gott (*ordo in divinis*) und die Ordnung der Ideen (*ordo idearum*) sehen. Die naturwirkliche Ordnung aber ist eine andere und verlangt, wie jedes Endliche, ein Prinzip: *quod factum est, habet principium*[19]; dieses ist das *summe esse*.

---

16 Ordo pertinet ad rationem sicut ad ordinantem. (Th. s. th. II–II. qu 26,1 ad 3)

17 Cumenim Deus summa essentia sit, hoc est summe sit, et ideo immutabilis sit; rebus quas ex nihilo creavit, esse dedit, sed non summe esse, sicut est ipse; et aliis dedit esse amplius, aliis minus, atque ita naturas essentiarum gradibus ordinavit. (Da Gott die höchste Wesenheit ist, d.i. auf höchste Weise und daher unveränderlich ist, darum gab er den Dingen, die er schuf, zu sein, aber nicht auf höchste Weise zu sein, wie er selbst ist. Den einen gab er mehr zu sein, den anderen weniger und ordnete so die Naturen der Wesen (*essentiarum*) in Stufen.) Aug. civ. Dei XII, 2.

18 Th. s. th. I. qu. 22,1.

19 In Phys. I, 1. V.

ordo in divinis

Wenn Gott Prinzip der Ordnung ist, so ist die nächste Frage, wie sich denn in Gott Ordnung findet, ob es eine Ordnung in Gott gibt. Sie ist für die mittelalterlichen Philosophen von großer Bedeutung, weil eine Ordnung in Gott *per accidens* den Sinn hat, Vorbild für die Ordnung des Alls zu sein. Sie muß gewissermaßen da sein; denn das scholastische Axiom besagt, daß ein Handelnder nur sich selbst Ähnliches tun oder schaffen könne.[20] Danach muß in Gott in gewisser Weise eine Ordnung sein, von der allerdings wiederum feststeht, daß nicht Gott ihr, sondern sie Gott unterworfen ist, da sie von ihm als ihrem Ursprung ausgeht. Dann, daß sie nicht ist wie die Ordnung im Bereich der Schöpfung; d.h. Gott steht außerhalb der Weltordnung.[21] Er ist nicht Spitze einer „Seinspyramide", Letztes bzw. Erstes einer Ordnungsreihe; und nur unter sehr einschränkenden Voraussetzungen darf man hier den aus dem Räumlichen genommenen bildlichen Ausdruck verwenden und sagen, Gott sei das „Oberste" in der Ordnung; wie man auch nicht sagen kann, daß die Pflanze der höchstentwickelte Stein oder das Tier die höchstentwickelte Pflanze sei. Das Wesen Gottes steht jenseits jeder von uns erkennbaren Ordnung.

Die Frage nach der Ordnung in Gott (*ordo in divinis*) ist eine theologische Frage und gehört als solche nicht in den Kreis unserer Untersuchung. Um das Verständnisses des Zusammenhangs willen sei ein kurzer Überblick gegeben.

Die drei großen Philosophen Albert, Thomas und Bonaventura behandeln sie gleichmäßig dort, wo sie den Kommentar zu den Sentenzen des Petrus Lombardus geben.[22] Ordnung in Gott ist nur nach dem Hervorgang der Personen. Daß der Sohn aus dem Vater hervorgeht in dem ewigen und unveränderlichen Akt absoluter Erkenntnis und aus beiden der Geist, ist die durch die Lehre der Kirche gegebene Grundlage. Auf ihr bauen sich zunächst sämtliche Verneinungen auf, die den Hauptraum in diesen Abhandlungen einnehmen. In Gott ist nicht zeitliche oder räumliche Ordnung, nicht Ordnung dem Wesen oder der Würde nach; alle Ordnung

---

20 Omne agens agit sibi simile (Cg. II. 24.–1004).

21 Deus itaque supra omnem creaturae modum est, supra omnem speciem, supra omnem ordinem. Nec spatiis locorum supra est, sed ineffabili et singulari potentia, a quo omnis modus, omnis species, omnis ordo. (Gott ist daher jenseits allen kreatürlichen Maßes, jenseits aller Schönheit, jenseits jeder Ordnung; nicht durch räumliche Entfernung jenseits, sondern durch eine unaussprechliche und einzige Machtfülle, von der alles Maß, alle Schönheit und jede Ordnung stammt.) Aug. de nat. boni III.
Sed Deus est omnino extra ordinem temporis, quasi in arce æternitatis constitutus, quae est tota simul. (Gott ist ganz außer der zeitlichen Ordnung, gegründet gleichsam in der Feste der Ewigkeit, die immer gleich ist.) In Periherm. I, 14. Nam voluntas divina est intelligenda ut extra ordinem entium existens. (Der göttliche Wille ist als außerhalb der Ordnung des Seienden zu verstehen.) ibid. – Vgl. Th. s. th. I. qu. 13,7; I. qu. 28,1 ad 3; Sertillanges, S. 337.

22 Alb.: I. Sent. II. 24; IX. 5; XX. 7 – Thomas: Utrum in divinis personis sit ordo. 1, d 20 I.3. – Bonaventura: I. Sent. XX.1.

wird für Gott abgelehnt, außer der einen: *ordo originis* oder *ordo naturae*. Letzterer ist nicht als Natur-Ordnung oder rangmäßige Ordnung göttlicher Naturen gemeint, sondern als der Hervorgang eines aus dem anderen[23]; wobei aber immer stark hervorgehoben wird, daß dieser keine *prioritas* oder *posterioritas* einschließt.

Was mit dem Namen *ordo originis* oder *ordo naturae* wesentlich gemeint ist, kann von der Philosophie nicht mehr beantwortet werden; diese Namen überdecken das Mysterium, das nicht mehr durchschaubar ist. Wir müssen – wie Albert sagt – Worte (*ordo verborum*) gebrauchen, um das auszudrükken, was ohne Ordnung des Früher oder Später ist; und gleich fügt er ein Zitat von Gregorius an: *balbutiendo excelsa Dei resonamus.*[24]

Gott ist also nicht nur insofern Prinzip der Ordnung, als die Ordnung der Schöpfung von ihm ausgeht, sondern in seinem innergöttlichen Sein ist eine ewige Ordnung des Beharrens und der Bewegung; diese ewige Ordnung des Hervorgangs des Sohnes aus dem Vater und des Geistes aus beiden ist das Urbild dafür, daß die Geschöpfe von ihrem Schöpfer ausgehen.[25]

verbum sapientiae

Das *verbum sapientiae* ist der Urgrund der Ordnung. Weisheit hebt sich über Erkenntnis und Wissenschaft hinaus zu einem Wissen um das All und seine Gründe. Dieses Wissen in Gott nimmt nicht Form und Schönheit der Dinge auf, sondern gibt sie ihnen. Gott gibt die Ordnung, insofern er weise ist, wie jede Ordnung aus der Weisheit eines Denkenden stammt.[26] Die göttliche Weisheit hat die verschiedenen Stufen des Seins

---

23 Ordo naturae est quo aliquis est ex aliquo, in quo ponitur differentia originis, et non prior alio, in quo removetur ratio generis. Unde non est concedendum, quod sit ibi (in divinis) ordo simpliciter, sed ordo naturae. (*Ordo naturae* ist da, wo eines aus dem andern ist; dadurch wird im Hervorgang ein Unterschied gesetzt, nicht aber zeitliches Früher gegenüber dem andern, und der Begriff der Art ausgeschaltet. Daher kann nicht zugegeben werden, daß dort (bei Gott) Ordnung schlechthin ist, sondern nur Ordnung der Natur nach.) Th. 1, d 20 I. 3. Thomas hat sich hier völlig an Albert I. Sent. XX.7 gehalten. – Vgl. auch Bonaventura I. Sent. dist. 20. art. 1 qu.1.: Ordo autem secundum originem sive secundum emanationem est producentis ad productum. Et iste ordo est in divinis, quia ibi est ordo principii et principati, sive producentis et producti, et hunc ordinem esse in divinis probant rationes primae. (Ordnung des Entstehens oder des Hervorgangs besteht zwischen Hervorbringer und Hervorgebrachtem; und diese Ordnung ist in Gott, weil dort die Ordnung des Ursprünglichen und Nichtursprünglichen oder des Zeugers und des Gezeugten ist; daß diese Ordnung in Gott ist, beweisen die ersten Gründe.)
24 Alb. I. Sent. IX, 5.
25 Ordo naturae in fluxu personarum ab invicem, causa est fluxus creaturarum ab uno primo et universaliter agente intellectu. (Die Ordnung der Natur in dem Hervorgang der Personen voneinander ist die Ursache des Hervorgangs der Geschöpfe von einem ersten und allhandelnden Geist.) Alb. s. th. I. qu. 46.
26 Amplius secundum Philosophum in I. Metaph. ordinare sapientis est . . . omnis ordinatio per sapientiam alicuius intelligentis fiat. (Der Weise ordnet . . . alle Ordnung wird durch die Weisheit eines Geistes.) Cg. II, 24. – 1005.

gesetzt.[27] Aus Gott „fließt" die Ordnung – Augustinus wie Thomas gebrauchen in diesem Zusammenhang den Terminus „Emanation" – nach dem Maß seiner Erkenntnis.[28] Weil aber Gott alles durch seine Weisheit tut, durch die er die Ordnung der Dinge richtet, gehen von ihr unmittelbar in der Schöpfung die Stufen der Dinge aus.[29] Ebenso wie bei der Schöpfung selbst ist es auch unmöglich, daß die Ordnung nicht aus dem ersten absoluten Prinzip hervorgeht. Bei den verschiedenen Dingen finden wir unter dem ersten Ursprung, der allen gemeinsam ist, andere besondere Prinzipien, die entsprechend den Dingen verschieden sind. Das Merkmal des Geordnetseins aber haftet jedem Sein an und stammt darum aus dem ersten Prinzip, dessen Weisheit es so ordnete.

ordo idearum

In dem *verbum sapientiae* hat Gott die Ordnung der Dinge ausgesprochen. Die göttliche Wesenheit aber, insofern sie Ähnlichkeitsbild (*similitudo*[30]) der Dinge ist, drückt sich aus in den Ideen. Idee ist die Form der Dinge, insofern sie von Gott erkannt ist. In Bezug auf Gott also sind sie *principium cognitionis*; in Bezug auf die Dinge *exempla*. In Gott ist die Idee nichts anderes als seine Wesenheit.[31] Wenn Gott nun nicht allein die Idee eines ersten Geschöpfes gehabt hat, aus dem mittelbar die Vielzahl der Geschöpfe stammt, so muß er auch die Ideen der einzelnen Dinge haben; in Gott sind also mehrere, viele Ideen.

Neben der Frage nach der Stellung der Ideen im *ordo creationis,* die dadurch gekennzeichnet wurden, daß sie die göttliche Wesenheit sind, insofern diese die Dinge erkennt, und daß sie dadurch *causa exemplaris* für die Dinge werden, erhebt sich die zweite Frage, ob unter den Ideen schon die reale Ordnung besteht, die bei den realen Dingen als *ordo naturae* (Naturordnung) besteht. Die Frage ist schwierig, da einerseits eine Vielheit, wie wir sie bei den Ideen annehmen müssen, ohne Ordnung gleich einem Chaos wäre, welches in Gott anzunehmen unmöglich ist; andererseits wäre der *ordo idearum* dann eine zweite Ordnung in der göttlichen Wesenheit neben dem als alleinigem festgestellten *ordo originis*.

Bonaventura beschäftigt sich eingehend mit dieser Frage.[32] Er sagt: *Hoc nomen idea significat divinam essentiam in comparatione sive in respectu*

---

27 Th. s. th. I. qu. 65, 3. ad 1.
28 Ordo rerum profluit a Deo in res secundum quod est praeexcogitatus in intellectu ipsius. (Cg. III. 99,4. – 2750)
29 Nos autem ponimus Deum agere omnia per suam sapientiam, per quam ordinem rerum disponit; et sic ab ipsa diversi gradus rerum immediate per creationem producuntur. (Th. Quodl. III, 6.)
30 Vgl. Th. s. th. I. qu. 15,1; Bonav. I. Sent. dist. 35, art. 1, qu. I. arg. 2: similitudo rei per quam res cognoscitur et producitur, est idea. (Das Ähnlichkeitsbild, durch das ein Ding erkannt und hervorgebracht wird, ist die Idee.)
31 Idea in Deo nihil est aliud quam Dei essentia. (Th. a.a.O.)
32 Bonav. I. Sent. dist. 35, art. 1, qu. 2 und 3.

ad creaturam (Der Name Idee meint die göttliche Wesenheit im Vergleich oder in Hinsicht auf das Geschöpf). Göttliche Wesenheit aber ist eine und einfach. Auf der andern Seite steht die Naturordnung mit ihrer Vielheit. Die Ideen beziehen sich auf beide.[33]

Bonaventura löst die Schwierigkeit so: Der Sache nach (*secundum rem*) ist keine Vielheit in den Ideen, denn der Sache nach liegt dieser Bezug mehr im Erkennenden, weil es Gott selbst ist, der erkennt. Dem Begriff nach hält sich das Ähnlichkeitsbild mehr auf die Seite des Erkannten; d.h. der reale Vollzug der Erkenntnis, die Idee ihrer Existenz nach liegt in Gott, ist identisch mit dem Wesen Gottes, ist eins. Der geschaute und ausgedrückte Inhalt aber wird von dem hergenommen, was die Ideen bezeichnen, von dem *connotatum*, von der materialen Vielheit der geschaffenen Welt. Weil also der Erkennende einer und das Erkannte vieles ist, darum sind alle Ideen in Gott der Sache nach eins, doch mehrere dem Begriff des Geschauten und Ausgedrückten nach.[34]

Damit ist die Frage nach einem *ordo idearum* noch nicht beantwortet: denn genau lautet die Frage nach einem Verhalten der Ideen zueinander, parallel dem Verhalten der naturwirklichen Dinge zueinander.

Dieses scheint unmöglich wegen der realen Einheit in der einen Hinsicht und doch wiederum unentbehrlich wegen der Vielheit in der anderen Hinsicht. Nun ist aber die Beziehung der Ideen zu ihren *connotata* eine andere als die der Ideen unter sich. Weil die Ideen in Gott eins sind, haben sie keine Ordnung unter sich. Zeitliches Frühersein ist ausgeschlossen, da sonst eine Idee später wäre als die andere; alle aber sind ewig. Auch kann keine vornehmer sein als die andere, da in Gott alles vollkommen vornehm ist. Noch weniger ist es möglich, daß eine Idee aus der anderen wäre, da man so einen realen Unterschied in der absoluten Einheit Gottes behaupten würde.[35] Die Ideenwelt in Gott ist Einheit wie das Wesen Gottes selbst; es herrscht keine Beziehung; die einzige Beziehung, die den Ideen zugesprochen werden kann, ist ihre Zuordnung zu den realen Dingen, für die sie *exemplar* sind.

Zwischen der Idee eines Pferdes und der eines Menschen ist als Idee kein Unterschied der Würde nach; weil ein Ding weiß ist, deswegen hat Gott keine „weiße Idee". Wenn Gott die Dinge auch als geordnete erkennt, so ist doch die Weise seines Erkennens bei allen gleich: er erkennt sie in gleicher Weise und Vornehmheit, nämlich vollkommen.

So muß jede Ordnung der Ideen untereinander, sei es der Sache nach oder

---

33 ... medium inter cognoscens et cognitum ... (ibid.)

34 Quoniam cognoscens est unum et cognita sunt multa; ideo omnes ideae in Deo sunt unum secundum rem, sed tamen plures secundum rationem intelligendi sive dicendi. (ibid.)

35 Non prioritatis, quia tunc esset una idea altera posterior, quod est inconveniens dicere; non nobilitatis, quia quaelibet in Deo est summe nobilis; non originis, quia si una de altera oriretur, tunc esset ibi vera distinctio secundum rem. (Bonav. I. Sent. dist. 35, art. 1, qu. 6.)

auch nur dem Begriff nach, verneint werden[36]; es bleibt ihre Zuordnung zur Realwelt. Und doch bedeutet das Zusammentreffen von Vielheit und Unmöglichkeit von Ordnung keine *confusio*, da in der Vielheit der Ideen das *simul* besteht, die göttliche Gleichheit einer absoluten Vollkommenheit.

Alles Sein hat durch die Ideen in Gott sein „Vor-Sein"; durch seine Erkenntnis ist Gott die Ursache der Dinge; und so muß jede Wirkung, die von ihm ausgeht, in ihm als Erkenntnis präexistieren. „Darum ist es nötig, daß der Gedanke einer Hinordnung der Dinge auf ein Ziel im göttlichen Geiste eine Präexistenz hat".[37]

Aus dieser Präexistenz werden die Dinge zu ihrer realen Existenz durch den göttlichen Willen und die göttliche Macht herausgeführt.

---

36 Non est ordo in ideis sive rationibus cognoscendi ad invicem nec secundum rem, nec secundum rationem. Habent quippe ordinem ideae ad ideata, sed ad invicem non, quoniam nec una prior altera nec posterior, nec est una ab alia, nec nobilior est; et ideo non ponitur ibi ordo. (Es ist keine Ordnung der Ideen beziehungsweise der Erkenntnisgründe zueinander, weder der Sache nach, noch dem Begriffe nach. Wohl haben die Ideen eine Zuordnung zu den Abbildern, aber zueinander nicht, da eine nicht früher noch später ist als die andere, noch eine aus der anderen, noch vornehmer als die andere ist; darum kann dort keine Ordnung angenommen werden.) Bonav. I. Sent. dist. 34, art. 1. qu. 6. – Vgl. E. Gilson. Die Philosophie des heiligen Bonaventura, (1924), Köln/Olten ²1960, Kap. 4. – A.J.W. Hellmann, Ordo. Untersuchung eines Grundgedankens in der Theologie Bonaventuras, München, Paderborn, Wien 1974.

37 Necesse est, quod ratio ordinis rerum in finem in mente divina praeexistat. (Th. s. th. I. qu. 22, 1.)

5. KAPITEL

Entstehen der Ordnung

Ordo creationis

Im Zusammenhang mit der Schöpfung spricht Albert von einem *ordo creationis*.[1] Wir sahen oben, daß *ordo* eine Art Bewegung bedeutet, die einen Ausgang hat, einen Fortgang nimmt und auf ein Ziel hingerichtet ist. In diesem Sinne ist auch die Schöpfung *ordo ad*, eine „Bewegung". Doch ist hier mit Bewegung nicht gemeint, daß die Schöpfung die Veränderung eines schon vorhandenen Substrates wäre, was Thomas auch schärfstens ablehnt[2]; der Name „Bewegung" soll lediglich anzeigen, daß es sich hier nicht um einen unvermittelten, willkürlichen Akt handelt, sondern um ein durch Erkenntnis und Willen geordnetes Fortschreiten von einem Ausgang zu einem Ziel. Es wird also etwas; aber nicht in der Veränderung eines Substrates, sondern „das Werden ist hingeordnet auf das Sein eines Dinges".[3]

nihil

Der Ausgang des *ordo creationis* ist nicht das Nichts (*nihil*); wenn *nihil* als Ausgang angenommen würde, so wäre eben kein Ausgang; und folglich wäre auch das Folgende nicht. Das *ex nihilo* bedeutet nicht die *causa materialis*, sondern nur die Ordnung des Nacheinander.[4] Dieses ist aber das erste und wichtigste Element des *ordo creationis*: er hat im Materialen keine Voraussetzung.

Im Zusammenhang mit diesem Merkmal braucht Albert den Terminus *ordo creationis* im Gegensatz zu *ordo naturae*. *Ordo naturae imitatur ordinem creationis quantum potest; sed non omnino: natura enim hoc ex hoc producit et non ex nihilo* (Die Naturordnung ahmt die Schöpfungsordnung nach, so gut sie kann; aber nicht gänzlich: denn die Natur zeugt eines aus dem anderen und nicht aus nichts).[5]

Creare est aliquid facere ex nihilo[6]; dies ist das erste besondere Merkmal dieser Ordnung, aber nicht sein Ausgang.

Ausgang des *ordo creationis*

Der Ausgang des *ordo creationis* ist Gott.[7] Er ist der Urheber des Seins, da er das Sein absolut und in Fülle ist. Nach dem Axiom „dem Handelnden

---

1 Alb. s. th. II. qu. 48.
2 Th. Cg. II. 17.
3 Fieri autem ordinatur ad esse rei. (Th. s. th. I. qu. 45, 4.)
4 Th. s. th. I. qu. 45, 1 ad 3.
5 Alb. s. th. II. qu. 48.
6 Th. s. th. I. qu. 45, 1.
7 Certe enim Deus amat ordinem; vere amat, ait ille, ab ipso manat (sicher liebt Gott die Ordnung; ... ganz gewiß, sagte jener, aus ihm fließt sie). Aug. de ord. I. cap. 7 (17).

entspricht die Tat[8]", entspricht dem Vornehmeren die vornehmere Tat; die erste Tat muß darum dem ersten Tuenden eigen sein. Die erste Tat aber ist die Schöpfung, dadurch daß sie nichts anderes voraussetzt und alles Andere sie voraussetzt. Daher ist die Schöpfung Gott allein eigen, welcher der erste Handelnde ist.[9] Gott schafft unmittelbar[10] aus nichts.

Ziel des *ordo creationis*

Das Ziel (finis) des *ordo creationis* ist das Geschöpf: *creationis, secundum quod significatur ut mutatio, creatura est terminus* (Ziel der Schöpfung, sofern sie als eine Veränderung bezeichnet wird, ist das Geschöpf).[11] Nicht aber so, wie auch ein Künstler etwas schafft, wenn er einem Stoff eine besondere Form gibt; das Ziel der Schöpfung ist nicht das Geschöpf hinsichtlich irgendwelcher „Wesens- und Eigenschaftsformen", sondern hinsichtlich seines ganzen Seins.

Doch damit ist das Ziel der Schöpfung noch nicht genügend bezeichnet; denn „was in der Wirkung das Gute und das Beste ist, ist das Ziel des Hervorbringens dieser Wirkung".[12] Darum will der *ordo creationis* nicht allein das Gut des Geschöpfes, welches seine *species* ist, sondern das *optimum universi*. Dieses aber besteht „in der Ordnung seiner Teile zueinander; denn durch diese Ordnung wird das All in seiner Ganzheit begründet, und das ist sein *optimum*. Darum ist eben diese Ordnung der Teile des Alls und ihre Unterscheidung das Ziel der Weltschöpfung."[12] Das eigentliche Ziel des *ordo creationis* ist also nicht das Geschöpf in seiner Vereinzelung, sondern der *ordo universi*.

Setzung des *ordo creationis*

Es bleibt noch die Frage, was die Schöpfung an ihr selber ist. Ursprung und Terminus sind genannt; noch nicht das, was zwischen diesen beiden Extremen ein reales, wenn auch nur ganz geringes Sein hat. Ist die Schöpfung ein „Etwas"? Oder: was setzt die Schöpfung qua Schöpfung?

Thomas sagt, die Schöpfung sei nicht etwas wie „Bewegung" oder „Veränderung" oder Ähnliches. Erschaffenwerden und Erschaffensein fallen zusammen. Was real gesetzt ist, ist eine Beziehung; nicht eine

---

8 Secundum ordinem agentium sit ordo actionum (Cg. II. 21, 1. – 970.)

9 Creatio autem est prima actio, eo quod nullam aliam praesupponit et omnes aliae praesupponunt eam. Est igitur creatio propria Dei solius actio, qui est agens primum. (ibid.)

10 Vgl. Th. s. th. I. qu. 45, 2 und I. qu. 104,2 ad 1.

11 Th. s. th. I. qu. 45,3 ad 3.

12 It quod est bonum et optimum in effectu, est finis productionis ipsius. Sed bonum et optimum universi consistit in ordine partium eius ad invicem qui sine distinctione non esse potest; per hunc enim ordinem universum in sua totalitate constituitur, quae est optimum ipsius. Ipse igitur ordo partium universi et distinctio rerum est finis productionis universi. (Cg. II. 39, 6. – 1157.)

Beziehung von Gott zum Geschöpf, da, wie wir schon im ersten Abschnitt sahen, diese nur eine gedachte ist. „Die Schöpfung setzt im Geschöpf nichts denn eine Beziehung zum Schöpfer als zum Ursprung seines Seins; wie in das Erleiden, welches in der Bewegung liegt, die Beziehung zum Ursprung der Bewegung hineingelegt ist".[13]

creatio ist also die Beziehung des Verursachtseins des Geschaffenen. – Was hier im *ordo creationis* das Verhältnis des verursachten Seins zu seiner Seinsursache ist, erweitert sich unten im *ordo naturae* zu dem Verhältnis des Seins, das in seinem Sein erhalten und vollendet wird, zu jenem Ursein, das durch *providentia* (Vorsehung) und *gubernatio* (Regierung) erhält und vollendet.

gradus (Grundlegung des *ordo naturae)*

Das letzte Element des *ordo creationis* war schon angedeutet in dem, was als das Ziel dieses *ordo* festgestellt wurde. Es ist die Ungleichheit der Geschöpfe in ihrer Erschaffung und ihre Stufung in Seinsgrade in der Teilhabe (*participatio*). Mit diesem letzten Merkmal des *ordo creationis* wird der ordo naturae in seinem Sosein samenhaft bestimmt, während die bisher besprochenen vier Elemente außer dem letzten nur Dasein begründende Funktion hatten.

Da in Gott Wesen und Dasein zusammenfallen, ist die Verleihung von Sein an die Geschöpfe die Verleihung einer Ähnlichkeit mit seinem Wesen. Die Verleihung ist keine Minderung Gottes, da er unendlich ist. Er schafft sie in einer Vielheit sich durch einen bestimmten Seinsgrad ähnlich und läßt sie so an seinem Sein teilhaben. Das Maß der Teilnahme ist aber nicht bei allen Geschöpfen gleich. „Den Dingen, die er aus nichts erschuf, gab er zu sein, doch nicht absolut zu sein, wie er selbst ist. Dem einen gab er mehr zu sein, dem anderen weniger, und ordnete so die Naturen der Wesenheiten in Stufen."[14]

gradus ist ein für das Verständnis von Ordnung sehr bedeutsamer Begriff, da in ihm zwei Grundelemente von Ordnung ihre Einheit finden: die auseinanderstrebende *distinctio,* ohne die zwei reale Dinge keine Ordnung haben können, und die verbindende *unitas,* welche nachzuahmen Wesen der Ordnung ist. Jede Stufe ist nur Stufe, wenn vor ihr eine niedere liegt und nach ihr eine höhere folgt oder wenigstens eines von beiden zutrifft. Denn wenn keine Unterscheidung zwischen den Stufen wäre, wäre der Stufencharakter ebenso verloren, wie wenn die Stufen nicht in Einheit aufeinander

---

13 Unde relinquitur, quod creatio in creatura non sit nisi relatio quaedam ad creatorem, ut ad principium sui esse; sicut in passione, quae est in motu, importatur relatio ad principium motus. (Th. s. th. I. qu. 45, 3.)

14 Rebus, quas ex nihilo creavit, esse dedit, sed non summe esse, sicut est ipse; et aliis dedit esse amplius, aliis minus atque ita naturas essentiarum gradibus ordinavit. (Aug. civ. Dei XII, 2.)

folgten, sondern lediglich einzeln da ständen. Doch darüber wird noch weiter unten gesprochen.

Hier soll nur gezeigt werden, daß einmal *gradus* in der Schöpfung nicht Ergebnis weltimmanenter Entwicklung, sondern von Gott unmittelbar als entscheidendes Formalelement des *ordo creationis* gesetzt ist. – Dann, daß das Merkmal des *gradus* eine Seinsgefülltheit ist, und drittens, daß die Seinsgefülltheit eine Ähnlichkeit und Annäherung zu Gott bedeutet, wodurch schon im *ordo creationis* eine Göttlichkeit in den Dingen und die Steigerung der reinen Ursachbeziehung zwischen dem Ding, auch dem niedrigsten, und Gott zu der Beziehung der Teilhabe real begründet ist.

a) *immediate a Deo.* Nach dem, was oben[15] über den Ordo als Ziel der Schöpfung gesagt wurde, und nach dem, was aus dem eben angeführten Zitat Augustins hervorgeht, braucht über das erste nicht mehr viel gesagt zu werden. Kein Geschöpf hat eine metaphysische Macht über das Sein; kein Mensch „kann seiner Leibeslänge auch nur eine Elle zusetzen". Könnten die Dinge aus eigener Machtvollkommenheit eine seinsmäßig niedere Stufe zu einer höheren machen, so behauptet man das Paradox, das nicht Gott, sondern das Geschöpf den Grad der Teilhabe bestimme.

b) *gradus entis.* Daß in dem Vernünftigen mehr als in dem Unvernünftigen, in dem Empfinden mehr als in dem Nichtempfinden, in dem Lebenden mehr als in dem Leblosen das Sein seiend ist, läßt sich nach Anselm von Canterbury auf folgende Weise leicht einsehen: „Würde man in Gedanken jedem Seienden, das lebt, empfindet und vernünftig ist, die Vernünftigkeit nehmen, dann das Empfinden, dann die Lebendigkeit und schließlich noch das nackte Sein, das zurückbliebe, so würde dieses Seiende klarer Weise Schritt für Schritt in ein immer geringeres Sein und schließlich in das Nicht-Sein geraten. Die gleichen Bestimmungen aber, durch deren Hinwegnahme jedes Sein mehr und mehr an Sein verliert, müssen, wenn sie der Reihe nach auftreten, ein immer höhergradiges Sein herbeiführen."[16]

Auf den ersten Blick scheint die Abstufung des bloßen Seins zu dürftig, um solch gewaltige qualitative Unterschiede zu bezeichnen, wie sie zwischen dem toten und lebendigen, zwischen dem animalischen und dem geistigen Sein bestehen. Jedesmal wird doch – man möchte sagen – ein „ganz Anderes" konstituiert. Und doch ist metaphysisch die Bezeichnung der Stufen als Seinsgrade vorzuziehen einer noch so exakten und alles ins Auge fassenden physischen, physiologischen und psychologischen Differenzierung. Denn Sein umfaßt einmal nicht nur alle Stufen einheitlich bis hin

---

15 S. 44.

16 Nempe si cuilibet substantiae, quae vivit, et sensibilis, et rationalis est, cogitatione auferatur, quod rationalis est, deinde quod sensibilis, et postea quod vitalis, postremo ipsum nudum esse, quod remanet; quis non intelligat quod illa substantia, quae sic paulatim destruitur, ad minus et minus esse, et ad ultimum ad non esse gradatim perducitur? Quae autem singulatim assumpta, quamlibet essentiam ad minus et minus esse deducunt, eadem ordinatim assumpta, illam ad magis et magis esse perducunt. (Anselm v. C. Monolog. cap. 31)

zum absoluten Sein (dem wir allerdings nicht eine „oberste Stufe" zuweisen dürfen, sondern nur die Unendlichkeit), sondern es trägt andererseits, wenn wir über die rein formale Bedeutung von „Dasein" hinaus den Reichtum der Naturen anschauen, die ganze inhaltliche Fülle in sich.

c) *similitudo Dei.* Der metaphysische Inhalt des Seins ist die *similitudo Dei.*[17] Diese nennt Thomas die Form der Dinge: *Necesse est quod forma nihil sit aliud quam divina similitudo participata in rebus* (Notwendig ist die Form nichts anderes als das göttliche Ähnlichkeitsbild, das den Dingen durch Teilhabe verliehen ist).[18]

In dieser Sicht gibt es nur eine Deutung der Stufen: das Näher (*propinquus*) und Ferner (*remotus*). Diese Gottnähe und Gottferne kann sehr mißverstanden werden, wenn man sie in einem religiös-ethischen Sinne auffaßt; ob und inwieweit sie dort verwirklichbar ist, gehört nicht hierher; sicher ist, daß wir uns aus eigener Macht nicht „näher" zu Gott stellen können, als er es uns verleiht. Hier müssen wir diese Ausdrücke jedenfalls ontologisch verstehen, gerade im Sinne dieses Verleihens. Der Grad der Ähnlichkeit weist jedem Sein seinen Platz an, je nachdem in einer metaphysischen Nähe oder Ferne Gottes. Und je größer die Nähe Gottes, um so weiter reicht das Ding ins Sein hinaus; weshalb diese Gottesnähe das Gegenteil von „Geborgenheit" bedeutet; sie ist wie ein Talent. Mit dieser „Nähe" ist zugleich eine Wert- oder Vollkommenheitsstufe gegeben.[19] Jeder Seinsstufe entspricht eine bestimmte Vollkommenheitsstufe. Demnach ist durch dieses letzte Charakteristikum des *ordo creationis*, nämlich durch das ungleiche Geschaffensein der Dinge und ihre Stufung, nicht allein der *ordo naturae* gegründet, sondern zugleich – und in der gleichen Unmittelbarkeit von Gott – der *ordo bonorum.*

Zusammenfassung

Wir fassen die besprochenen Merkmale des *ordo creationis* zusammen:

1. Die Schöpfung ist voraussetzungslos, was durch den Namen *ex nihilo* bezeichnet wird. 2. Der Ausgang der Schöpfung ist unmittelbar Gott. 3. Das Ziel der Schöpfung ist über das Geschöpf hinaus der *ordo universi* als *optimum universi.* 4. Ihrem bleibenden Sein nach setzt die Schöpfung die reale Kausalbeziehung zwischen Geschöpf und Schöpfer. 5. Das Sein wird den Dingen ungleich verliehen, weshalb sich alles Geschaffene in Seins- und Wertstufen aufbaut *secundum similitudinem.*

Aus dieser Zusammenstellung wird klar, daß hier in diesem Zusammenhang *ordo* nicht das gleiche heißen kann wie etwa bei „Naturordnung",

---

17 Res autem quaelibet, secundum quod habet esse, accedat ad similitudinem Dei, qui est ipse suum esse simplex. (Ein Ding tritt entsprechend seinem Sein in die Ähnlichkeit Gottes ein, der selbst sein Sein einfach ist.) Cg. III. 97. – 2725.

18 ibid.

19 Quanto autem aliquid propinquius ad divinam similitudinem accedit, perfectius est. (Je mehr etwas in die Ähnlichkeit Gottes eintritt, umso vollkommener es ist.) ibid.

„Ordnung in Gott" o.ä. In dem Namen *ordo creationis* sind die oben bezeichneten Merkmale zusammengefaßt, um die innere Ordnung jener Wende darzutun, durch welche Gott der von Ewigkeit her im *verbum sapientiae* ausgesprochenen Erkenntnis alles Seins durch seinen Willen und seine Macht Dasein verleiht.

III. Abschnitt
ordo naturae

6. KAPITEL

Einleitung

Ursprung von ordo; die Frage nach dem Wesen

Die Philosophie sucht die Frage nach dem Sein und seinen letzten Gründen zu beantworten. „Ordnung" ist in diesem Sinne Sein von einem tief verflochtenen Wesen. Nach ihrem Urgrund haben wir gefragt und sind großen Denkern auf dem Weg gefolgt, den sie sich suchten, um dieser Erkenntnis nahezukommen.

Der Weg ist einfach; nicht weil er leicht zu begreifen wäre. Gerade das Einfache ist uns in seinem Wesen verschlossener als das in Ordnung gefaßte Mannigfaltige. Schon unser Leib ist in Ordnung nachgeahmte Einheit und nicht Einfachheit schlechthin. Jeder Gedanke ist von einer unübersehbaren Anzahl von Momenten bestimmt. Das Einfache schlechthin ist uns ganz unerfahrbar und darum sein Begriffsinhalt nicht weiter erklärbar, als die Bezeichnung des gleichen Verhaltes im Negativen es zuläßt: ungeteilt.

Gerade die Einfachheit des Weges gibt uns eine Mühe auf. Einfach ist der Weg dieses Denkens um seiner Prinzipien und seiner Schritte willen. Prinzip des Weges ist das Sein als *summe esse*. Dieses ist der letzte Ursprung von Ordnung, im wahrsten Sinne Quelle, da hier Identität vorliegt.* Das Wesen von *esse* ist uns noch verschlossener; es kann auch durch sein Negativ kaum so verdeutlicht werden wie eben das „Einfache" durch das „Ungeteilt-Sein". Das „Nichts" verdeutlicht uns in keinem Punkte das Wesen von Sein; es gibt uns höchstens ein Bild davon, daß es es geben muß; verleiht ihm, wie Wust sagt, in seinem „Gegen-Stand" zum Nichts seine Dynamik; aber über das Wesen von Sein können wir nichts ausmachen; wir denken es immer in einer bestimmten Form. In dem Vordringen des Fragens nach Ordnung bis zu diesem Abgrund ist die menschliche Grenze erreicht; und wer weiter dringen wollte, dem würde dieser Abgrund der Unendlichkeit feindlich.

Das *esse* ist identisch mit Ordnung und darum seine Quelle. Das *summe esse* als unendliche Erkenntnis und unendlicher Wille ist der Urgrund des *ordo*, den wir in unserm Schauen und Denken erfassen.

Die *sapientia* Gottes, nicht nur als Fülle der Erkenntnis, sondern auch als vollendetes Wissen um die Ordnung des Handelns, ist der absolute Formgrund des *ordo*. Sie ist das höchstgeistige Prinzip jener Spuren einer Geistigkeit, die wir noch im letzten Stein finden, dadurch daß er in dem Zusammenhalt seiner Teile und in seinem Gebanntsein in die Gesetze der Natur einer Ordnung eingegliedert ist. Sie ist das höchstgeistige Prinzip, welches alle Ziele und die verborgensten Möglichkeiten zur Erreichung

---

* Vgl. Verf., Das Sein und die Ordnung. Eine Skizze zur Ontologie des Mittelalters. In: Dtsch. Vierteljahrsschrift f. Literaturwissenschaft und Geistesgeschichte 18 (1940), S. 233–249.

dieser Ziele in aller Teleologie und jeder möglichen Erscheinungsform von Ordnung erkannt hat.

Das *summe esse* als absoluter Wille, der mit seiner Mächtigkeit identisch ist, gab diesem ideal geschauten *ordo* sein reales Sein. Mit dem Beginn der Materie begann die Tatsache räumlicher Ordnung; mit dem Beginn von realem Sein überhaupt die Tatsache zeitlicher Ordnung und jeder anderen Form von Ordnung: mit der Schöpfung begann auch der *ordo*.

Dieser Weg ist von großer Einfachheit; aber für uns von solcher Verborgenheit, daß ein echter Vollzug unmöglich scheint. Zu weit – scheint es – haben wir uns von dem großen Denken weg in kleine Verästelungen und Spezialisierungen verloren; und doch wird ein Bemühen, die Gewalt dieses großen Denkens lebendig zu erfahren, nicht vergebens bleiben.

Die Definition Augustins

Um das Wesen eines Begriffs zu erläutern, wäre es ein durchaus gangbarer Weg, eine altbezeugte Definition herzunehmen, sie zu analysieren und zu begründen. Wenn wir aber hier diesen Weg wählen wollten, so stießen wir bald auf unüberwindliche Schwierigkeiten.

Nehmen wir an, wir wollten die bei allen mittelalterlichen Philosophen bekannte und oft zitierte Definition Augustins nehmen: *ordo est parium dispariumque rerum sua cuique loca tribuens dispositio*[1]. (Ordnung ist die Bestellung gleicher und ungleicher Dinge durch Zuteilung des einem jeden zukommenden Standortes.) Über den Sinn einer rein räumlichen Ordnung hinaus ist hier offensichtlich die *dispositio tribuens loca* in ihrer ganzen ontologischen und metaphysischen Tiefe gemeint. Aber wenn wir auch den Umfang so weit fassen, als irgendwie erlaubt, gerade aus dieser Formel spricht eine auffällige Starrheit, die noch durch die Betonung des Gerechtigkeitsmomentes *(sua cuique tribuens)* verstärkt wird. Wir vermissen hier das dynamische Element des *ordo,* als dessen unauffälliges, aber viel bedeutendes sprachliches Merkmal wir oben die fast ausnahmslose Verbindung des Terminus *ordo* mit der Präposition *ad* feststellten. Da in dieser Definition nur das Moment der Standortanweisung erfaßt ist, ist hier das Wesen von *ordo* nicht vollständig getroffen, weshalb sie bei den späteren Philosophen fast öfters in den Abschnitten *videtur quod* oder *ad oppositum* erscheint, als sie in den eigentlichen „Antworten" oder „Lösungen" als Zeugnis zur Erhärtung der dargelegten Meinung dient; dies vor allem bei den Kommentaren zum ersten Sentenzenbuch des Petrus Lombardus, wo nach dem *ordo in divinis* gefragt wird, auf den begreiflicherweise die Augustinische Definition nicht anwendbar ist.

---

1 Aug. civ. Dei XIX, 13.

Die Definition Bergsons

Nehmen wir eine Definition aus der gegenwärtigen Philosophie. Bergson definiert in seiner „Évolution créatrice" den Begriff Ordnung: „Sie ist der in den Dingen sich wiederfindende Geist".[2] Diese auf den ersten Blick überraschende Definition ist bei näherem Zusehen faszinierend. Hier ist nichts von einer Halbheit, sondern hier scheint das Ganze getroffen zu sein und auch gerade in seiner erhabensten und umfassendsten Eigenschaft: in seiner Geistigkeit. Oben schon betonten wir, daß Ordnung ein geistiges Element in den Dingen sei, und auch nach dem, was über das Prinzip der Ordnung gesagt wurde, scheint diese Definition Berechtigung zu haben. Doch mischt sich bei Bergson ein stark subjektiver Zug[3] in die Definition hinein, was weniger in dem Terminus „wiederfindend" zum Ausdruck kommt (der offensichtlich erkenntnistheoretisch gemeint ist, da im Satz vorher von der Ordnung als „einer gewissen Übereinstimmung von Subjekt und Objekt" die Rede ist) als in der Erklärung von „Unordnung"; er bezeichnet Unordnung als die Enttäuschungen des Geistes[4], wenn er bei seinem Suchen auf eine andere als die erwartete Ordnung stößt; sie „objektiviert die Enttäuschung des Geistes". Die Begriffe Ordnung und Unordnung sind also vollständig aus ihrem ontologischen Sinngehalt herausgehoben und stellen nur noch die Objektivierung subjektiver Zustände dar. Würden wir aber auch statt des subjektiven Sinngehaltes dem Begriff „Geist" den objektiv-ontologischen geben, so könnte die Definition doch nicht in allem genügen; zwar zeigt sie eine Seite von Ordnung auf, die auf jede Form von Ordnung zutrifft, aber eben nur eine; vor allem bleibt hier die Stufung der realen Dinge und ihre Hinordnung gänzlich unausgesprochen. Unter zwei Bedingungen könnte man sie allerdings gelten lassen: erstens wenn mit dem Geist der absolute Geist, die göttliche Urvernunft gemeint wäre; zweitens wenn das „wiederfindend" nicht einen subjektiven Bewußtseinsakt ausdrückt, sondern die objektive Seinsanalogie. Doch dies ist bei Bergson zweifellos nicht der Fall.

Definition oder erhellende Umschreibung?

Wir sehen, daß wir hier mit Definitionen gar nicht oder nur unter großen Schwierigkeiten weiterkommen. Und es ist bezeichnend, daß wir bei Thomas, wie auch bei Albert und Bonaventura, keine Definition des *ordo* in einem Sinne finden, dessen sprachlicher Ausdruck wäre: *ordo est....* Wenn Thomas von der Ordnung spricht in der Absicht, ihr Wesen klarzulegen, braucht er, wie wir unten noch genauer sehen werden, Wendungen wie *ordo dicitur secundum ...*[5] oder *ordo in ratione sua includit ...*[6] oder *ad hoc*

---

2 H. Bergson, L'Évolution créatrice, (L'ordre) c'est l'esprit se retrouvant dans les choses (S. 243).

3 L'ordre est donc un certain accord entre le sujet et l'objet. (ibid.)

4 Ebd. S. 242.

5 Th. s. th. I. qu. 42,3.

6 1, d 20 I. Quaestiuncula II.

autem quod aliqua habeant ordinem oportet ...[7] und andere. Bonaventura gebraucht die Wendung *ordo attenditur in ... secundum ...*[8], obwohl er auch oft die direkte Aussageform gebraucht, jedoch dann jedesmal offensichtlich nicht als Versuch einer Definition wie bei Augustin, sondern zur Bezeichnung einer einzelnen oder mehrerer einzelner Eigenschaften.

Statt der Definition wird also hier, vor allem bei Thomas, die Umschreibung gewählt, welche durch eine Zusammenfügung ausgewählter Grundeigenschaften das Gesamtbild des Wesens von *ordo* vermitteln soll. Warum hier eine Definition solche Schwierigkeiten macht, ist zweifellos auf die metaphysische Nähe des Seinsbegriffs zurückzuführen. Der Seinsbegriff ist undefinierbar, da er nicht weiter rückführbar ist. Wie wir oben[9] sahen, ist der Ordnungsbegriff seinem Wesen nach nur noch rückführbar auf den Seinsbegriff, kann also eine Wesensdefinition nur noch einerseits durch den Seinsbegriff, andererseits durch die Besonderung, welche dieser durch den Begriff „Ordnung" erfährt, erhalten. Wir werden also in unserer Frage nach der Wesensbestimmung zurückgeführt auf die Formulierung, die wir oben gebrauchten zur Festlegung des Ordo-Begriffs gegenüber den Transzendentalien. Dort sahen wir, daß die Besonderung des Seinsbegriffs im Ordnungsbegriff darin besteht, daß die jeweils wesensgemäße Seinsfülle gemeint ist. Wir sagten dort: Ordnung ist das Sein, insofern es die Fülle des Seins ist, die von einem Seienden erreicht werden kann.

Sehen wir uns aber diesen Satz näher an, so müssen wir feststellen, daß damit zwar das Urwesen von Ordnung getroffen ist, aber unsere Erkenntnis über das Wesen der Ordnung, wie sie uns in den Dingen und im Geiste gegenübertritt, wie sie einen wohldurchdachten Aufbau in allen Möglichkeiten des Seins darstellt, wie sie von einem mächtigen Streben zur Einheit und Vollkommenheit durchherrscht ist, – daß unsere Erkenntnis über dieses Wesen wenig gewonnen hat. Zu erklären ist das aus eben dieser Rückführung auf den Seinsbegriff, welcher ja als Begriff der an Inhalt ärmste ist.

Da aber, wie wir andererseits sahen, eine Rückführung auf einen anderen Begriff nicht mehr den ganzen Umfang des Ordnungsbegriffs umfassen würde, werden wir mit dem Versuch einer Definition von Ordnung wenig in der Erkenntnis weiterkommen. Wir werden den Philosophen auf ihren vielfältigen Wegen der Umschreibung folgen müssen, um die Grundzüge des Ordo-Gedankens aufzudecken (Kap. 7–9), um in einer Zusammenschau dieser Grundzüge eine mögliche Bestimmung dessen, was ordo ist, und eine Erhellung seiner Tiefen zu finden.

---

7 de pot. VII. 11.
8 Bonav. II Sent. dist. 35, art. 2, qu. 1.
9 3. Kapitel.

Maß, Zahl, Gewicht

Alles Denken des Mittelalters über Ordnung ist bestimmt von dem Satz des Buches der Weisheit: *Omnia in mensura, numero et pondere disposuisti".*[10] Von Augustin und den Vätern bis zu Albert und Thomas und darüber hinaus wird dieser Satz zitiert. Der damaligen Zeit galt dieser Satz als eine Wirklichkeit, wie wir aus der Art und Weise ersehen werden, wie dieser Satz einerseits philosophisch durchdrungen, andererseits wieder für das Denken bestimmend wurde.

Unser Weltbild ist nicht mehr das einer Welt, die von Gott nach Maß, Zahl und Gewicht geordnet ist. Nicht nur deswegen, weil unser Weltbild schon lange mehr von der Naturwissenschaft bestimmt wird als von der Metaphysik, sondern mehr noch, weil metaphysische Realitäten nicht mehr als Realitäten gelten, und uns so der Zugang zu dem verschlossen ist, was sich hinter den Worten Maß, Zahl und Gewicht verbirgt.

Nehmen wir die Termini in ihrer neuzeitlichen Bedeutung, so bedeutet Maß das quantitative Maß, welches das Naturgesetz uns lehrt und vorschreibt. Zahl ist die Anzahl im numerischen Sinne, mit der in gleicher Weise Menschen wie Geld gezählt werden. Was hier „Gewicht" bedeuten soll, ist schon schwerer klarzumachen; es wird genommen als Gravitation; jedoch dies als „pars pro toto", für Naturgesetzlichkeit überhaupt.

Nach neuzeitlichem Denken wäre dann der Gehalt des Satzes: Die Naturdinge, die in bestimmter meßbarer Größe und in einer bestimmten Vielzahl vorhanden sind, stehen in naturgesetzlichen Zusammenhängen, z.B. denen des gegenseitigen Anziehens oder Abstoßens, der Arterhaltung u.a. Die weitergehende Erklärung des Satzes wäre dann eine Aufgabe der Physik bzw. der Biologie oder einer sonstigen Naturwissenschaft, die daraus ihr Weltbild aufbauen, welches aber gerade in der neuesten Zeit manche Merkwürdigkeit aufweist.

Diese physikalische Erklärung war dem Mittelalter unbekannt und wäre ihm, wenn sie bekannt gewesen wäre, zwar nicht so unverständlich gewesen wie uns heute die metaphysische, hätte ihm aber nur als Vorhof der Erkenntnis gegolten und darum nicht so großen Aufwandes wert. Nur Albert der Große besaß neben seiner philosophischen Tiefe auch die ausgesprochene Liebe zu naturwissenschaftlicher Erkenntnis. Jedoch war diese Einseitigkeit des Mittelalters auch seine Stärke.

Wir hörten schon oben, daß die Ordnung von Gott und ihr *secundum quod* das *esse* sei. Dasselbe führt Augustin für Maß, Zahl und Gewicht an. Er sagt, daß von Gott alles Maß, alle Schönheit und alle Ordnung sei.[11] „Da sie sind und deswegen ihr Maß, ihre Schönheit und einen bestimmten Frieden mit sich haben, sind sie wahrhaft gut".[12] Dieses Sein in Maß,

---

10 Lib. Sap. XI, 21. – Vgl. E.R. Curtius, Europäische Literatur und lateinisches Mittelalter (1947), Bern/München [8]1973, S. 494 f.

11 Aug. de nat. bon. III.

12 Naturae igitur omnes, quoniam sunt et ideo habent modum suum, speciem suam et quandam secum pacem suam, profecto bonae sunt. (Aug. civ. Dei XII, 5)

Schönheit und Frieden ist identisch mit ihrem Gut-Sein, mit ihrer Natur.[13] Was es bedeutet, daß hier einmal für Zahl Schönheit und für *pondus* Ordnung oder Frieden gesagt ist, werden wir gleich noch genauer untersuchen. Jedoch schon aus diesen Aussagen und Benennungen kann man ersehen, daß der Sinngehalt dieser Dreiheit nicht im Physikalischen erschöpft ist. Maß, Zahl und Gewicht bezeichnen die drei metaphysischen Prinzipien eines Seins, das des Ursprungs, der Form und der Vollendung; in der Einheit dieser drei Prinzipien liegt das volle Sein eines Seienden, sein „Gut", seine Ordnung.

---

13 Aug. de nat. boni XXIII.

7. KAPITEL

Maß (mensura)

modus: Maß als Abmessung der Entstehungsgründe eines Seienden

Maß bezeichnet die „Weise seines Seins" *(modum sui esse)*[1]. Was mit *modus* gemeint ist, führt Thomas genauer aus[2]: Jedes Sein hat seine bestimmte Form, durch die es ist, was es ist. Diese Form hat aber für ihr Zustandekommen bestimmte Voraussetzungen; wenn also ein Ding zu seiner Form, d.h. zu der möglichen Vollkommenheit seines Seins kommen will, so muß es auch diese notwendigen Voraussetzungen haben. *Praeexigitur autem ad formam determinatio sive commensuratio principiorum seu materialium seu efficientium ad ipsam; et hoc significatur per modum.*[2] (Für eine Form müssen Bestimmtheit und Angemessenheit der materialen und der wirkursächlichen Prinzipien vorausgesetzt werden; und dieses wird durch Modus (Weise) bezeichnet.)[3] Das Maß bezeichnet also etwas an den Entstehungsgründen *(principia),* und zwar meint es diese, insofern sie Voraussetzung für eine bestimmte Form sind. „Weise" besagt also, daß die Entstehungsgründe so abgemessen sind, daß sie ihre Form hervorbringen, weshalb auch Albert in der Zusammenstellung von *mensura* und *modum* ein besonderes Possessivpronomen einschiebt und für *mensura* tautologisch *modum sui esse* braucht.

Schon bei Augustinus ist diese Erklärung von *mensura* vorweggenommen; er bezeichnet das Maß als das, was einem jeden Ding die Weise seines Seins im voraus bestimmt *(mensura omni rei modum praefigit).*[4] In dem *praefigere* ist das gesagt, was bei Thomas das Wort *determinatio* ausdrückt. Im voraus ist der *modus* bestimmt, die „Weise", wie die Entstehungsgründe eines Seienden abgemessen sein müssen, damit sie die beabsichtigte Form hervorbringen. Was gemessen wird, liegt in dem *modus,* nämlich das Angelegtsein der Entstehungsgründe auf die zu schaffende Form. Wir haben keinen Grund, bei Augustinus etwas anderes unter *modus* zu verstehen als bei Thomas; besonders weil auch die Sinndeutung der beiden anderen Prinzipien übereinstimmt, wobei die Übereinstimmung aber noch klarer zum Ausdruck kommt als bei dem ersten Prinzip.

Maß bezeichnet also die besondere Weise, in der das Verhältnis von Entstehungsgründen und angezielter Form abgemessen ist.

prioritas – posterioritas: Maß als zeitliche Abmessung

Es ist aber nun unserm Denken unmöglich, die Entstehung alles Seienden gleichzeitig zu denken. Wir denken alles Seiende und sein Entstehen in zeitlicher Folge.[5] Wenn also etwas nach Maß geordnet heißt, so ist damit

---

1 Alb. s. th. I. qu. 3,4.
2 Th. s. th. I. qu. 5,5.
3 Übersetzung der deutschen Thomas-Ausgabe Bd. 1 (1934).
4 Aug. de gen. ad litt. IV, 3.
5 Th. s. th. I. qu. 10,5.

zuerst die Zuordnung der Entstehungsgründe zu ihrer Form gemeint, darüber hinaus aber, da wir die Entstehung jedes Seienden in der Zeit denken, ein Früher oder Später, welches dem einen Ding eine *prioritas* gegenüber dem anderen verleiht. Diese *prioritas* beruht nicht darauf, daß der eine Ursprung früher liegt als der andere, da der letzte Ursprung alles Seins das *summe esse* ist, das zeitlos ist, sondern auf einer Eigenheit der besonderen Ursprünge, wodurch das eine Sein jetzt und das andere später entsteht. Überall, wo von Ordo die Rede ist, wird das *prius et posterius* als erste Bedingung genannt. *Ubi est ordo ibi est prius et posterius.*[6] Diese *prioritas* ist nicht immer streng zeitlich gemeint, bezieht sich aber wohl immer auf den Ursprung. Aristoteles zitierend, sagt Thomas, daß Früher und Später ausgesagt würden in Bezug auf irgendeinen Ursprung.[7] Da Früher und Später aber Ordnungselemente sind, schließt er: *ubicumque est aliquod principium, etiam aliquis ordo* (wo ein Ursprung ist, ist Ordnung). Er glaubt sogar sagen zu können, daß Ordnung immer hinsichtlich eines Ursprungs ausgesagt werde *(ordo semper dicitur per comparationem ad aliquod principium). prioritas* würde also über die besondere zeitliche Ordnung hinaus eben die Besonderheit des Ursprungs meinen.

Albert sieht eine vierfache Möglichkeit dieses *prius,* von dem die erste die Zeit *(tempus)* ist; die übrigen sind ein Vor-Sein dem Begriff nach, ein methodisches Früher-Sein und ein rangmäßiges, das der Würde entspricht.[8] Thomas führt Zeit, Ort und „alles derartige" an.[9] – Dieser Aufzählung könnte man noch andere anfügen; doch in welcher besonderen Form die *prioritas* uns entgegentritt, ist unwichtig gegenüber der Erkenntnis, daß das „Früher-Später-Element" einen besonderen Modus des Ursprungs bedeutet, welcher die Ordnung wesentlich als Folge hat.

gradus perfectionis: Maß als Zumessung der Seinsvollkommenheit

Wir haben zwei Bedeutungen gefunden, die der Begriff des Maßes meint; einmal das Angelegtsein des Ursprungs auf seine zu bewirkende Form; zweitens den „Vorhergang" *(antecessio)*[10] des einen Seins gegenüber dem

---

6 Bonav. I. Sent, dist. 20, art. 2, qu. 2. / Ordo autem includit in se aliquem modum prioris et posterioris. (Ordnung schließt eine bestimmte Weise des Früher und Später ein.) Th. s. th. II.–II. qu. 26,1. Omnis ordo secundum prius et posterius determinatur. (Alle Ordnung ist nach Frühersein und Spätersein bestimmt.) Alb. s. th. II. qu. 63 mb. 1.

7 Th. s. th. II.–II. qu. 26,1.

8 Prius autem alterum altero quadrupliciter dicitur, scilicet secundum tempus et secundum intellectum, hoc est secundum naturam simplicitatis: et secundum ordinem disciplinae, sicut litterae in grammaticis sunt priores syllabis, et prooemium in theoreticis prius est narratione. Et prius secundum dignitatem quod melius et honorabilius est. (Alb. s. de creat. II. qu. 81,3)

9 Unde (ratio prioris et posterioris) secundum omnes illos modos potest dici esse ordo aliquorum, secundum quos aliquis altero prius dicitur et secundum locum et secundum tempus et secundum omnia huiusmodi. (Der Begriff des Früher-Später, dem entsprechend alle jene Modi ausgesagt werden können, ist die Ordnung von Dingen, nach der eines vor dem andern ist, sowohl im Raum wie in der Zeit, wie in allem derartigen.) I, d 20. I. 3.

10 Bonav. I Sent. dist. 20, art. 2, qu. 2.

andern hinsichtlich seines Ursprungs; welcher Vorhergang an den verschiedensten Medien gemessen werden kann.

Zu diesen beiden Bedeutungen fügt Thomas noch eine dritte, welche zwar schon in der ersten und zweiten Bedeutung eingeschlossen ist, aber noch deutlicher herausgestellt werden muß. Durch den Entstehungsgrund wird die zukünftige Form des Dinges bestimmt: dieser Form eignet ein bestimmter Seinsgrad, dessen zureichender Grund im Ursprung liegen muß. Einem materiellen Körper also ist schon im Ursprung seine Quantität (womit notwendig seine räumliche Ordnung verbunden ist) zugemessen; bei jedem anderen Ding der ihm entsprechende Vollkommenheitsgrad: *Per mensuram quantitatem sive modum aut gradum perfectionis unius cuiusque rei intelligamus* (Als Maß begreifen wir die Quantität oder die Weise und den Vollkommenheitsgrad eines Dinges). Im Maß wird also der Grad der Seinsvollkommenheit abgemessen, wodurch unter den Dingen die Stufung folgt.

Zusammenfassung

Damit ist die Bedeutung von *mensura* dargelegt. *mensura* bedeutet die Weise des Ursprungs; erstens dadurch, daß die Voraussetzung für eine Form geschaffen wird, indem jeder Ursprung auf seine Form angelegt ist; zweitens dadurch, daß zwar nicht die Ursprünge früher oder später sind, sondern dem Seienden in Hinsicht auf seine Entstehung eine prioritas oder posterioritas eignet; drittens dadurch, daß im Ursprung der Seins- oder Vollkommenheitsgrad der entstehenden Form abgemessen ist. Die Weise des Ursprungs gibt also erstens das Maß des Entstehungsgrundes gemäß der zu bewirkenden Form, zweitens das Maß des „Früher und Später" eines Dinges gemäß seinem Ursprung, drittens das Maß an Seinsvollkommenheit an, welches der zukünftigen Form verliehen wird. Das erste bezeichnet also die Ordnung des Prinzips selbst, was als Voraussetzung des Entstehens vor dem Entstehen liegt. Das zweite bezeichnet auf Grund des Prinzips den Punkt des Entstehens nach einem bestimmten *secundum quod*. Das dritte bezeichnet die Form und Seinsvollkommenheit als das Ziel des Entstehens, das hinter dem Entstehen selbst liegt. Maß ist nicht ein exakt definierbarer Terminus; die Quellen geben eine Vielfalt von Bedeutungen und Umschreibungen an, welche sich aber in den drei aufgezeigten Bedeutungen darstellen lassen. Ein Seiendes hat demnach dadurch sein Maß, daß die Voraussetzung, die Ausführung und die Zielrichtung seines Entstehens festgelegt sind.

Mit dem Maß ist – in einem Wort zusammengefaßt – die „Standortanweisung" vollzogen. Das Maß gibt die volle und endgültige Bestimmung der Stufe, der Seins- und Wertstufe, welche das Seiende einnehmen wird.

Die Augustinische Definition

Auf dieses erste Ordnungsprinzip ist die Augustinische Definition gültig anwendbar: *ordo est parium dispariumque rerum sua cuique tribuens loca dispositio.* Die oben entwickelten drei Eigenschaften von Maß liegen klar in dieser Definition zutage:

Das erste, die Voraussetzung, d.h. das Hingerichtetsein auf die Form, ist die *dispositio* (bei Thomas *determinatio*). Das zweite Element der *prioritas* ist ausgedrückt in dem *parium dispariumque;* das dritte, die Bestimmung des jeweils besonderen *gradus perfectionis* ist ausgedrückt in dem *sua cuique tribuens loca.*

In der Augustinischen Formel könnte man also mit Recht und Nutzen den Terminus *ordo* durch den der *mensura* ersetzen. Wegen der Weite des Ordnungsbegriffs ist die Formel nicht falsch, wäre aber in dieser Veränderung genauer. Das Maß wäre demnach die ,,Bestellung gleicher und ungleicher Dinge durch Zuteilung des einem jedem zukommenden Standortes".

Dies ist jedoch erst das erste Element der Ordnung; es betrifft den Ursprung. Gemäß dem Satz der Schrift, daß Gott alles nach Maß, Zahl und Gewicht geordnet hat, werden wir nun versuchen, in gleicher Weise das zu analysieren, was mit dem zweiten, der Zahl, hier gemeint ist.

8. Kapitel
Zahl (numerus)

numerus und numerositas

Der Ausdruck *Zahl* wird in der mittelalterlichen Philosophie in zwei verschiedenen Bedeutungen gebraucht, als *numerus transcendens* und im Sinn von *prima mensura quantitatis.* Thomas begründet in de pot. IX. 7 diese Unterscheidung durch zwei verschiedene Möglichkeiten der Teilung *(divisio).* Die materielle Teilung eines Dinges führt auf ein erstes Maß der Quantität zurück. Die formale Teilung besagt, daß ein jedes Ding eines ist und da es dieses eine ist, ist es nicht ein anderes *(quod unaquaeque (res) earum sit una, et quod una earum non sit altera).* Dieses *unum* transzendiert das Quantitative *(omnino genus quantitatis excedit)* wie überhaupt jedweden Art- oder Gattungsbegriff. Es kommt dem Seienden als Seiendem zu und ist mit ihm vertauschbar *(convertitur cum ente).* Das transzendentale *unum* fügt zum Sein nichts weiter hinzu als die Negation von Teilung: *esse indivisum.* Im Hinblick auf anderes Seiendes bedeutet es „Unterschied" *(distinctio).*

Daß das Seiende nach *Zahl* geordnet ist, besagt also, daß es „eines" ist, und das heißt, daß es in sich ungeteilt, von anderem aber unterschieden ist *(in se indivisa et ab aliis divisa).* Wird das transzendentale Eines-sein auf einen Gehalt bezogen, so bedeutet dies, daß das Seiende seiner Art *(species)* nach bestimmt ist. Thomas spricht Cg. III. 97. – 2833 von einer *numerositas rerum,* die in den Dingen das erste sei; diese *numerositas* bedeutet einmal die transzendentale Einheit der Dinge; aus ihrem Gegenstück, der Vielheit, schließen wir auf den Begriff *distinctio.* Zur Konstituierung der *numerositas* ist die Unterschiedenheit der Formen gefordert.[1] *numerositas* bedeutet also über transzendentale Einheit des Seienden hinaus die Vielheit der Wesen der Dinge, zu deren Zustandekommen *distinctio* erfordert ist.

numerositas rerum (Zahlcharakter, „Zahlhaftigkeit" der Dinge) bezeichnet an den Dingen die Eigentümlichkeit, daß jedes mit der transzendentalen Zahl „eins" belegt werden kann, weil es in sich eine Einheit und von anderen unterschieden ist. *numerositas* wendet sich also nach innen auf das Wesen des Dinges; andererseits hebt sie nach außen hin das Ding gegenüber dem anderen Seienden ab.

---

1 Rerum numerositas, ad quam constituendam necesse est gradus diversos in formis et materiis. (Der Zahlcharakter der Dinge, zu dessen Begründung die verschiedenen Grade der Form und des Stoffes notwendig sind.) Cg. III. 97. – 2733.

distinctio: Zahl als Grund der Unterscheidung der Dinge

Numerus selbst aber bezeichnet an den Gegenständen die Unterschiedenheit der Arten, die eine Folge des durch das Maß festgelegten Seins- und Vollkommenheitsgrades ist.[2]

Nun ist es vorerst notwendig, den Begriff *distinctio* näher zu analysieren. Der Begriff der Ordnung schließt den der Unterscheidung ein; d.h. es ist keine Ordnung ohne eine Unterscheidung der Glieder denkbar.[3] *ordo absque distinctione non est.*[4] Und ebenso Bonaventura: *ubi ordo ibi distinctio.*[5]

Die Unterscheidung des Seienden ist nun aber, wie es scheint, noch kein bestimmendes Element der Ordnung, sondern sie scheint nur die Bedeutung einer allerdings notwendigen, aber nur rein formalen Voraussetzung zu haben; denn *distinctio* bedeutet, wie wir schon oben sahen, seiner Definition nach nicht mehr, als daß eines nicht ein anderes ist *(unum non est alterum).*[6] Um die Bedeutung von *distinctio* zu bestimmen, müssen wir das betrachten, was die Unterscheidung begründet.

species: Zahl als Grund der Artbesonderung der Dinge

Augustinus sagt, daß jenes die Unterscheidung erwirkende Moment die besondere Form sei *(species propria).*[7] *species* hat eine vielfache Bedeutung, welche zwar jedesmal die gleiche Sache meint, aber diese Sache von sehr verschiedenen Blickpunkten ansieht. *species* ist die Art. Durch die Art wird immer auch die besondere Form der Dinge bezeichnet, weil eben sie die Art des Dinges bestimmt. Form aber ist das, wodurch das Ding ist, was es ist.[8]

Da nun die Zahl die Art vorschreibt[9], wie Thomas in wörtlicher Übereinstimmung mit Augustinus sagt[10], ist mit dem Terminus Zahl der ganze sich an „Art" anschließende Begriffskomplex: Unterscheidung – Art – Wesensform gemeint. Daß hier für diesen Begriffskomplex die merkwürdige Bezeichnung „Zahl" gewählt ist, erklärt Thomas durch ein Zitat von Aristoteles, wonach Definitionen sich wie Zahlen verhalten. Bei den Zahlen verändert die hinzugefügte oder abgezogene Einheit die Art der Zahl; so

---

2 Per numerum vero diversitatem et pulchritudinem specierum consequentem ex diversis perfectionis gradibus. (Durch die Zahl wird die Verschiedenheit und Schönheit der Arten bezeichnet, die aus den verschiedenen Vollkommenheitsgraden folgt.) ibid. – Die Marietti-Ausgabe liest nicht *pulchritudinem,* sondern *pluralitatem* und stellt um: Per numerum vero pluralitatem et diversitatem specierum consequentem ex diversis perfectionis gradibus.

3 1, d 20 I., 3.

4 de pot. X, 3; auch Cg. II 39,6. – 1157.

5 Bonav. I Sent. dist. 20, art. 2. qu. 1, contra 4.

6 de pot. IX. 7.

7 Specie propria discernatur a ceteris. (Aug. de ver. rel. cap. 7).

8 Th. s. th. I. qu. 5,5.

9 Et propter hoc dicitur quod numerus speciem praebet. (Th. s. th. I. qu. 5,5).

10 Numerus omni rei speciem praebet. (Aug. de gen. ad litt. IV. 3).

auch bei den Definitionen die hinzugefügte oder abgezogene Unterschiedenheit.[11] Die gleiche Erklärung bringt Thomas Cg. III. 97. Dort erfahren wir aber weiter, was inhaltlich diesen Unterschied in den Formen ausmacht; es ist die *perfectio* des Seins. In der Grundlegung des *ordo naturae* im *ordo creationis* erwähnten wir als letztes Merkmal die Grundlegung der Vollkommenheitsstufen durch den Grad der Ähnlichkeit mit Gott, der verliehen wird. Hier besagt *perfectio* der Sache nach das gleiche; jedoch nicht als Disposition, sondern als daseiende Vollendung.

Die Ungleichheit der Dinge ist also darin begründet, daß ihre Vollkommenheit eine Begrenzung erfährt; dadurch aber, daß das Ding begrenzt ist, kann es nicht die ganze Machtfülle offenbaren; auch eine Vielheit von solchen Einzelwesen kann es nicht; wohl vermag die Vielheit in ihrer Ordnung mehr darzustellen als ein Einzelnes oder als die Summe von Einzelnen; denn auch gegenüber dem Engel ist jeder Mensch und jeder Stein ein neue Offenbarung. Der metaphysische Grund der *inaequalitas* ist also die Vollendung des Alls *(perfectio universi);* sie fordert die Ungleichheit.[12] Sie fordert nicht Vielheit der höchsten Vollkommenheit, sondern eine solche Ungleichheit, daß die Unterschiedlichkeit der Dinge stufenweise gefüllt ist.[13]

Die Eigentümlichkeit *(proprietas)* des Dinges, welche in bezug auf es selbst die Wesensform, in bezug auf die anderen Dinge den Artunterschied, metaphysisch die daseiende Vollkommenheit bezeichnet, ist es also, wonach die Dinge gezählt werden.[14] Und die *mensura* eines jeden Seienden, das, was ihm zukommt, ist der formale Grund, der es ermöglicht, daß dem Ding eine Zahl zugeordnet werden kann.

pulchritudo: Zahl als Fundament der Schönheit der Dinge

Von hier aus ist es möglich, über die Begriffserklärung hinaus einen Blick in die Tiefe der lebendigen Erfahrung von Ordnung zu tun, welche das Mittelalter gehabt hat. Wir sahen, daß mit der „Zahl" des Dinges sein

---

11 Formae rerum sicut numeri, in quibus species variatur per additionem vel subtractionem unitatis. (Th. s. th. I. 47,2) – Vgl. Th. s. th. I. 5,5; Cg. III. 97. – Vgl. Arist. Met. VIII. 3 (1043 b 35–1044 a 2).

12 Perfectio universi requirit inaequalitatem esse in rebus, ut omnes bonitatis gradus impleantur. (Th. s. th. I. 48, 2)

13 Inveniet enim, si quis diligenter consideret, gradatim rerum diversitatem compleri; nam supra inanimata corpora inveniet plantas; et super has irrationalia animalia, et super haec intellectuales substantias; et in singulis horum inveniet diversitatem, secundum quod quaedam sunt aliis perfectiora. (Wer sorgfältig betrachtet, findet, daß die Verschiedenheit der Dinge stufenweise gefüllt ist; denn über den unbelebten Körpern findet er die Pflanzen, über diesen die unvernünftigen Lebewesen, über ihnen die geistbegabten Wesen; in jedem einzelnen von ihnen findet er Unterschiedlichkeit, je nach dem eines vollkommener ist als das andere.) Cg. III. 97. – 2725.

14 de pot. X. 5, ad 12. (Der Begriff *proprietas* entstammt, wie auch bei Bonaventura I. Sent. dist. 1, art. 1, qu. 1., der Trinitätslehre und bezeichnet die Eigentümlichkeit jeder der drei Personen gegenüber der Beziehung, *relatio,* die sie unterscheidet, und der *notio* als Erkenntnisprinzip der Eigentümlichkeit.)

Wesen gemeint ist, seine *species,* die es innerlich bestimmt und von anderem Sein unterscheidet. *Species* ist aber mehr als leblose Formbestimmung; *species* heißt Schönheit. Ein durch ein inneres Wesen geformtes Ding ist schön, – Augustinus ist der Berufene, von dieser Schönheit des Seins zu sprechen, die er menschlich am tiefsten erfahren hat. Albert, Thomas und auch später Bonaventura sprechen mehr aus ihrer metaphysischen Erfahrung. Sie leben noch ganz in den Gedanken Augustins, doch ihr Ausdruck ist nicht mehr der der menschlichen Erfahrung, sondern der einer metaphysischen Schau.

Augustinus ersetzt in der Angabe der drei Ordnungselemente das zweite, die Zahl, durch den Terminus „Schönheit". So sagt er in der Schrift über die Natur des Guten, daß etwas gut sei, „je mehr es voll Maß, Schönheit und Ordnung" sei.[15] Im „Gottesstaat" sagt er in ähnlichem Zusammenhang: „... und deswegen haben sie ihr Maß, ihre Schönheit und einen bestimmten Frieden mit sich".[16] In dieser Vertauschung der Termini „Zahl" und „Schönheit" liegt eine sehr enge Verbindung von *ordo* und *pulchritudo.* Da Schönheit dadurch als Wesenselement der Ordnung bestimmt ist, gibt es kein Geordnetes, das nicht schön, andererseits aber kein Schönes, das nicht in Ordnung gehalten wäre[17]; denn die Schönheit der Dinge liegt in der verwirklichten Einheit; diese aber ist nie die Fülle der Einheit, wie wundervolle Schönheit es manchmal vortäuschen kann[18], sondern immer nur in Ordnung nachgeahmte Einheit.[19] Darum ist das wahre Urteil, das wir über das Wesen *(species)* eines Seienden fällen können, eben daß es *species,* Schönheit, ist. Das wahre Urteil lautet: *pulchrum est.*[20] Die Schönheit des Dinges wird als Erscheinung seines Bestimmtseins durch die Zahl verstanden.

Doch nicht allein deswegen vertauscht Augustinus die Termini „Zahl" und „Schönheit"; die Zahlen und ihre Gesetzmäßigkeiten sind das Herrschende in der Musik und in den Bewegungen der Gestirne[21]; die Zahlen sind in ihrer Art, in ihrem „Geschlecht", schön.[22] Die Zahlen aber sind *infra rationem*[23], gehören der Vernunft an, und in der Vernunft ist nichts besser und mächtiger als die Zahlen.[24] Darum ist es die Vernunft, d.h. die *ratio* als tiefste menschliche Möglichkeit, welche sich nach Schönheit sehnt,

---

15 Aug. de nat. boni III.
16 Aug. civ. Dei XII, 5. (Warum hier statt *pondus* einmal Ordnung und dann Friede gesagt ist, wird im nächsten Kapitel behandelt.)
17 Nihil enim est ordinatum, quod non sit pulchrum. (Aug. de ver. rel. cap. 41.)
18 de ver. rel. cap. 34.
19 de mor. manich. II. 6.
20 de ver. rel. cap. 40 (Verum enim nostrum judicium, sive de toto, sive de parte judicet, pulchrum est.)
21 de ord. II. cap. 5 (14).
22 Numeri ... in suo genere pulchri sunt. (Aug. de mus. VI. 14.)
23 ibid.
24 de ord. II. cap. 18 (48).

desiderabat enim pulchritudinem[25], dieselbe *ratio perfecta,* welche die Kunst gebiert.[26]

Diese *ratio perfecta* ist nicht erschöpft in diskursivem Denken; sie ist die Fülle menschlicher Erfahrungsmöglichkeit, deren Grundlage ein klares Denken ist. Die Tätigkeit dieser „vollkommenen Vernunft" ist die Intuition, das *intueri.*[27] Darum ist auch hier nicht ein rein rezeptives Aufnehmen einer naiv-harmonischen Ordnung oder Schönheit gemeint. Die Schönheit lebt im Antithetischen; aus Gegensätzen baut sie sich auf.[28] Reine Emotion oder bloße Ästhetik würde diese Schönheit verkennen oder mindestens mißverstehen; diese verborgene Schönheit des Metaphysischen erreicht nur die *ratio perfecta;* und sie nur unter Mühen.

Für Albert ist die Schönheit noch enger mit der daseienden Vollkommenheit verknüpft; Schönheit ist für ihn das Gute, sofern es die Übereinstimmung *(relatio congruentiae)* zwischen dem Tatsächlichen und dem meint, was zur Vollendung des Seins in Hinsicht auf die Ordnung der göttlichen Weisheit gefordert ist.[29] Darum ist kein Dasein, das nicht am Schönen teilhätte.[30] Darum ist auch keine Verwundung der Schönheit durch die Ordnung denkbar.[31]

Die Schönheit ist identisch mit der Form des Seienden, und zwar mit der inneren Form als *commensuratio membrorum*[32] (gegenüber *decus* als *convenientia coloris,* Angemessenheit der Farbe und anderer Akzidenzien). Darum drückt „Zahl" nicht nur die Verschiedenheit der Arten aus, sondern auch die Schönheit der die Art bestimmenden Formen. *Per numerum vero, diversitatem et pulchritudinem specierum consequentem ex diversis perfectionis gradibus (intelligamus).*[33] Die Schönheit besteht in der geforderten Zusammenstimmung der Teile, in der *debita proportio,* und gehört so dem Begriff nach der Formalursache zu (gegenüber dem Guten, das der *causa finalis* zugehört).[34]

---

25 de ord. II. cap. 14 (39).

26 de ord. II. cap. 13 (38).

27 de ord. II. cap. 14 (39).

28 Ita quasi ex antithetis quodam modo, . . ., ex contrariis omnium simul rerum pulchritudo figuratur. [de ord. I. cap. 7 (18)]

29 Pulchrum dicit bonum secundum relationem congruentiae eorum, quae exiguntur ad perfectionem esse in comparationem ad ordinem sapientiae divinae. (Alb. s. th. I. qu. 26. mb. 1, art. 2. pa. 3)

30 ibid. nach einem Zitat von „Pseudo"-Dionysius.

31 Alb. s. th. I. qu. 80. mb. 2. art. 3. pa. 4.

32 Th. In Isai. 53.

33 Cg. III. 97. – Vgl. oben Anm. 2.

34 Pulchrum autem respicit vim cognoscitivam, pulchra enim dicuntur, quae visa placent; unde pulchrum in debita proportione consistit; quia sensus delectantur in rebus debite proportionatis, sicut in sibi similibus; nam et sensus ratio quaedam est, et omnis virtus cognoscitiva. Et quia cognitio fit per assimilationem, similitudo autem respicit formam, pulchrum proprie pertinet ad rationem causae formalis. (Th. s. th. I. 5,4 ad 1)

Zusammenfassung

In den Begriffen *distinctio, species* und *pulchritudo* ist das mit Zahl Gemeinte umrissen, ohne das keine Ordnung möglich ist.[35] Erstens: Zahl als distinctio ist das „Auseinander"-halten des zu Ordnenden; zweitens: Zahl als species ist Formung und Bezeichnung des zu Ordnenden. Drittens: Zahl als pulchritudo sind die geformten Dinge, an denen wir uns wegen ihrer vollendeten Gestalt freuen. Zahl besagt also die Unterscheidung der Arten, durch die das Wesen der Seienden bezeichnet und ihre Schönheit aufgefunden wird.

Wenn die Welt „nach Zahl" geordnet ist, so wird hier jene Ordnung spürbar, nach der die Dinge, vielleicht wunderbarerweise, so sind, wie sie sind, und nicht anders, nach der sie gegeneinanderstehen und in dieser Ordnung des Gegeneinanders das zögernd offenbaren, zu dem uns die Kunst den Zugang eröffnet: die Schönheit des Seins.

---

35 Vgl. Cg. II. 39.

9. KAPITEL
Gewicht (pondus)

pondus

Die Unterscheidung der schönen Formen als reines Auseinanderhalten bedeutet eine Spannung, die ihre Auflösung fordert. Noch ist das Sein nicht in seiner Fülle realisiert; noch ist das in Singularbezeichnung unterschiedene Einzelding als bloß unterschiedenes Seiendes hingestellt, noch vereinzelter und beziehungsloser als toter Stein neben totem Stein; jedes Ding ist in absoluter Vereinzelung, ohne jede Hinneigung zu einem andern, ohne eine *inclinatio*.

Wohl haben wir den Teil, aber noch nicht das Ganze. Das Sein als Gutes *(bonum)* ist in der *species* konstituiert, aber noch ist nicht das *optimum* gefunden. Wohl haben die Dinge schon ihre Würde *(dignitas)*, aber noch nicht ihre Vollendung *(perfectio)*. Noch ist alles Sein in einer Schwebe, ohne Festigkeit; noch ist ein atomistisches Nebeneinander ohne Geschlossenheit; noch ist über Heil und Unheil des Seins nicht entschieden, und die Möglichkeit des Chaos ist ebenso drohend, wie die Möglichkeit des *ordo* verheißend ist[1]; noch ist alles Sein auf der Scheide zwischen totalem Kampf bis zur absoluten Vernichtung und dem ewigen Frieden, nach dem alle Kreatur seufzt. Hier wird das Seufzen alles „Auseinander-seins" nach dem „Eins-sein" vernehmbar.

In diese Spannung und Schwebe hinein, die wir geistig zu schauen und zu spüren versuchen, fällt nun eine Schwere, die Festigkeit und Einheit gibt: *pondus*. *pondus* schließt das Klaffende im Seinsbild einer reinen Unterscheidung des Seienden, einer bloß durch Maß und Zahl bestimmten Welt. *pondus* gibt Festigkeit und Ziel, entscheidet zum Frieden. Nun wird das Sein lebendig, und in dem bisher nur einzeln bestimmten Ding rührt sich eine Neigung *(inclinatio)*.

Die Verschiedenheit der Dinge fordert ihre Ordnung[2]: die *reductio distinctorum ad unum*.[3] Aus der Verschiedenheit der Dinge wird der Begriff einer Ordnung in den Dingen gewonnen.[4]

inclinatio: Gewicht als substantiales Streben eines Seienden

Aus dem Ursprung empfängt jedes Seiende sein Dasein, das – durch die Form in seinem Wesen bestimmt – zu dem wird, was es ist, und so von anderem Seiendem unterschieden werden kann; es ist als Einheit von Existenz und Wesenheit ein wirklich Seiendes, *ens actu*. *Ens actu* besagt

---

1 Ubi pluralitas sive distinctio, aut est ordo aut inordinatio. (Bonav. I. Sent. dist. 35, art. 1, qu. 6, arg. 3)
2 Cg. III. 97.
3 Alb. s. th. I. Tract. IX. qu. 41 mb. II. art. 1.
4 Ex diversitate autem formarum sumitur ratio ordinis rerum. (Cg. III. 97–2725)

aber nicht nur ein bestimmtes Seiendes, das da ist, sondern *actu* besagt über das Vorhandensein hinaus auch ein *agere*, ein Tätigsein des Dinges selbst.[5] „Wirk"liches Sein ist nicht nur da, sondern ist wirkend da. – Dieses Wirken ist aber nicht willkürlich, sondern hat ein Prinzip. Prinzip des Wirkens ist die Form des Seienden; ein wirklich Seiendes wirkt das, was ihm zukommt, entsprechend seiner Form[6]; strebt hin zu dem ihm Zukommenden.

Also wohnt auch dem nicht erkennenden Ding eine Neigung und ein Streben inne *(inclinatio, appetitus)*, dessen formales Prinzip seine Natur ist.[7] Jedes Ding gerät auf Grund seiner Gesamtkonstitution in Bewegung *(inclinationes)*. Je nach der Natur des Dinges richtet sich diese Bewegung auf ein bestimmtes Ziel und wird zu einem Streben *(appetitus)* von oft elementarer Gewalt zu dem, was diesem Ding „natürlicherweise" zukommt *(quod est conveniens)*.

Hier erscheint wieder die *convenientia*, die Angemessenheit dessen, was zusammenkommen soll, als entscheidendes Moment.[8] Dieses Streben ist nicht ethisch zu verstehen, sondern rein ontologisch. Dieses Wirken und Streben jedes wirklich Seienden ist die *inclinatio ad*, die „Neigung zu", die aus jeder Form folgt[9], die „natur-gemäß" ist. Diese Neigung geht allgemein gesprochen auf ein Ziel *(finis)*, und zwar auf ein dem Ding eigenes Ziel *(finis proprius)*.[10]

Dies ist es, als was Thomas die dritte jener biblischen Ordnungsbestimmungen deutet; *pondus* bedeutet das Sichhinneigen eines jeden Seins zu einem anderen, das ihm Ziel ist, das Hinstreben zu dem, was ihm angemessen ist; ein Abgewogen-sein der Teile untereinander und ein Ausgewogen-sein zum Wohle des Ganzen.

Diese Seinsbestimmung des *pondus* bezeichnet Thomas nun oft als *ordo;* er vertauscht die Begriffe *pondus* und *ordo*.[11]

---

5 Unumquodque, in quantum est actu, agit . . . (Th. s. th. I. qu. 5,5)
6 Unumquodque in quantum est actu, agit et tendit in id, quod sibi convenit secundum suam formam. (ibid.)
7 . . . omnia naturalia, in ea quae eis conveniunt, sunt inclinata, habentia in se aliquod inclinationis principium, ratione cuius eorum inclinatio naturalis est . . . (de verit. 22, 1 c.) Appetitus naturalis est inclinatio cuiuslibet rei in aliquid ex natura sua. (Th. s. th. I. qu. 78, 1 ad 3) Nihil enim aliud est appetitus naturalis quam quaedam inclinatio rei, et ordo ad aliquam rem sibi convenientem. (de verit. 25,1 c.) Vgl. F. Leist, Die *sensus interiores* bei Thomas von Aquin, Speyer 1940, S. 51 f.
8 Vgl. oben über *convenientia* S. 33 Anm. 24.
9 Ad formam autem consequitur inclinatio ad finem aut ad actionem aut ad aliquid huiusmodi. (s. th. I. qu. 5,5) Per pondus vero inclinationes diversas ad proprios fines et operationes, et ad propria agentia et patientia et accidentia, quae sequuntur distinctionem specierum. (Cg. III. 97.–2732)
10 Die Bedeutung des *finis* wird unten dargelegt S. 78 ff.
11 Es ist erstaunlich, innerhalb der Darlegung der drei Elemente des Ordo-Begriffs selbst wieder auf den Begriff des *ordo* zu stoßen; in diesem Falle sogar *ordo* als ein, und zwar das dritte Element von *ordo* genannt zu finden. (Thomas: s. th. I. qu. 5,5; 1, d 20 II. 3; de pot. VII. 11. Ebenso Augustinus: de ver. rel. cap. 13; de gen. ad litt. IV. 3. Ebenso Albert: s. th. I. qu. 3. mb. 3. art. 4. part. 1. sol.) Man kann sagen, daß hier Ordnung in einem engeren Sinn gemeint ist, etwa als Zielordnung; wie gezeigt wird, trifft das aber einmal nicht ausschließlich zu; und wenn es auch voll zuträfe, bliebe die Merkwürdigkeit noch immer;

Wir sahen oben, daß Ordnung ein Geistiges an den Dingen ist. Hier bricht zum ersten Male klar durch, daß dieses Geistige Bewegung ist; daß es nicht rein ein konstitutives, sondern außerdem ein aktives Prinzip ist. Dieses wird die ganze Betrachtung des *pondus* zeigen.

Thomas hat diese Deutung schon vorgefunden, wenn auch nicht die metaphysische Begründung der Deutung. Für Augustinus bedeutet *pondus* das Hingezogenwerden zu Ruhe und Festigkeit[12]; *quies* und *stabilitas* stellen in ihrer Größe das Ziel sehr stark in den Vordergrund gegenüber dem Streben[13]; das Streben selbst aber ist bei Augustinus ein „Gezogenwerden" *(trahi)*. Augustinus stellt die Transzendenz heraus, der gegenüber die Seinsvollkommenheit nicht vorrangig erscheint.

Albert schreibt sogar: *pondus sive ordo*[14]; er faßt auch ausdrücklich die Deutung der Ordnung weiter, indem er sowohl die Begegnung mit anderem Seiendem wie auch das Anstreben eines Zieles (und zwar hier des *finis universi*) darunter faßt. Bei beiden bleibt *pondus* als *inclinatio ad;* unterschieden wird die Richtung der *inclinatio*. Einmal ist es die auf das andere geschaffene Seiende, das andere Mal die auf den *finis universi*.

Doch auch Thomas kennt diesen *duplex ordo,* nach dem durch die eine Ordnung das geschaffene Ding auf ein anderes Geschaffenes hingeordnet wird, durch die andere Ordnung aber alles Geschaffene auf Gott hingeordnet ist.[15]

Von dem ersten wird gesprochen in der Darlegung des Begriffs „Beziehung" *(relatio),* welche die *inclinatio ad invicem* meint. Von dem zweiten wird gesprochen in der Darlegung des Begriffs „Ziel" oder „Zweck" *(finis),* welchen das Mittelalter nie gebraucht hat, ohne den *finis ultimus,* Gott, mit im Blick zu haben.

Das Bild vom Heer *(exercitus)*

Doch vor dieser Analyse sei als vorläufige Gesamtschau von dem Bild gesprochen, mit dem Thomas immer wieder das erläutert und veranschaulicht, was er mit *ordo* meint. Er findet dieses Gleichnis bei Aristoteles und bedient sich seiner bei jeder Gelegenheit, die sich bietet.

---

vor allem, da die Möglichkeit bleibt, diesen Begriff *ordo* wiederum in die drei Elemente aufzugliedern und man so in einen Fortgang ins Unendliche käme. – Es deutet sich hier schon innerhalb der Untersuchung das an, was für Augustinus vielleicht das Eindrucksvollste an der Erfahrung der Ordnung war: der *occultus ordo,* von dem noch gesprochen wird. Wir spüren, daß wir innerhalb unseres Problems an Grenzen der Erkenntnis stoßen werden.

12 Pondus omnem rem ad quietem ac stabilitatem trahit. (Aug. de gen. ad litt. IV. 3)

13 *tendere* und *inclinare* bei Thomas.

14 Creata enim ... per pondus sive ordinem, quo secundum usum congruunt aliis et influxum habent et operantur ad finem universi cognoscibiliter demonstrant potentiam auctoris ... boni. (Alb. s. th. I. qu. 3 mb. 3. art. 4,1)

15 Est autem duplex ordo considerandus in rebus. Unus, quo aliquid creatum ordinatur ad aliud creatum, sicut ... Alius ordo, quo omnia creata ordinantur in Deum. (Th. s. th. I. qu. 21,1 ad 3) – Quaecumque autem sunt a Deo, ordinem habent ad invicem et ad ipsum Deum. (Th. s. th. I. qu. 47,4) – 2, d 38. I. 1.

Es ist das Gleichnis vom Heer[16], das als Ganzes das Weltall, in der Ordnung von Mannschaften und Offizieren den *ordo ad invicem* versinnbildet. – Aristoteles bringt dieses Bild in seiner Metaphysik: „Auf welche Weise enthält denn nun das Weltgebäude das Gute und zwar das absolut Gute? Etwa als ein dem Ganzen selbständig Gegenüberstehendes und an und für sich Seiendes? Oder als die ihm immanente Ordnung? Oder nicht vielmehr in beiderlei Weise, wie es in einem Heer der Fall ist? Denn hier liegt das Heil in der Ordnung, und zugleich ist der Feldherr das Ziel des Ganzen, und zwar ist es dieser in einem höheren Grade; denn nicht er besteht durch die Ordnung, sondern die Ordnung besteht durch ihn. In der Welt nun ist alles aufeinander angelegt, wenn auch nicht alles in gleicher Würdigkeit: Fische, Vögel, Pflanzen. Und dabei ist es nicht so, daß eines ohne Beziehung zum anderen da wäre; ganz im Gegenteil: alles ist zu einem Ziel geordnet."[17]

Thomas führt dieses Beispiel im Schema des *ordo duplex* näher aus. Die Ordnung der Teile des Alls ist ähnlich der Ordnung der Teile des Heeres, die das „Gut" des Heeres ist.[18] Der gute Führer des Heeres ist aber ähnlich dem *ultimus finis* des Seins.[19] Alle Teile des Heeres sind auf ihn hingeordnet bzw. auf den Sieg, welcher *bonum ducis* ist.[20] Davon leitet sich umgekehrt seine Herrschaft über alle Teile des Heeres ab.[21]

Noch weiter wird das Bild ausgebaut, wenn Thomas das Verhältnis von Rangordnung der Handelnden und der entsprechenden Ordnung der Zwecke verdeutlicht. Ordnung besteht – wie wir noch sehen werden – nicht nur in dem Hingerichtetsein auf ein Ziel, sondern die Ziele selbst sind wohlgeordnet. So ist das Ziel des Soldaten, den Feind niederzukämpfen; Ziel des Feldherrn ist der Sieg des Heeres; Ziel des Staatslenkers das Wohl des Staates.[22] Jedes ist erst durch das andere möglich; erst durch den Einsatz des Soldaten ist der Sieg des Heeres, erst durch den Sieg des Heeres ist das Wohl des Staates möglich. Die verschiedenen Ziele sind in einer Ordnung gebunden.

Dies ist das klassische Bild, das seit dem ersten Höhepunkt der Philosophie das Phänomen der Ordnung in der Welt veranschaulichen hilft. Nach

---

16 Quandocumque aliqua ordinantur ad aliquem finem, omnia dispositioni illius subiacent ad quem principaliter pertinet ille finis, sicut in exercitu apparet. (Cg. III. 64.–2385) – Andere Stellen siehe unten.

17 Arist. Met. XII. 10 (1075 a 11–19) – Übersetzung: Ad. Lasson, Jena 1924. Ἐπισκεπτέον δὲ καὶ προτέρως ἔχει ἡ τοῦ ὅλου φύσις τὸ ἀγαθὸν καὶ τὸ ἄριστον, πότερον κεχωρισμένον τι καὶ αὐτὸ καθ' αὑτό, ἢ τὴν τάξιν, ἢ ἀμφοτέρως ὥσπερ στράτευμα. καὶ γὰρ ἐν τῇ τάξει τὸ εὖ καὶ ὁ στρατηγός, καὶ μᾶλλον οὗτος· οὐ γὰρ οὗτος διὰ τὴν τάξιν ἀλλ' ἐκείνη διὰ τοῦτόν ἐστιν. πάντα δὲ συντέτακταί πως, ἀλλ' οὐχ ὁμοίως καὶ πλωτὰ καὶ πτηνὰ καὶ φυτά· καὶ οὐχ οὕτως ἔχει ὥστε μὴ εἶναι θατέρῳ πρὸς θάτερον μηδέν, ἀλλ' ἐστί τί. πρὸς μὲν γὰρ ἓν ἅπαντα συντέτακται.

18 de spirit. creat. art. 8 c. – 2, d 38. I. 1. – In Eth. I. 1. prin.

19 ibid. – Th. s. th. I. qu. 103,2 ad 3.

20 Cg. III. 64,1.–2385.

21 ibid. – Vgl. In Eth. I. 1. prin.

22 de pot. VII. 2 ad 10.

dieser Überschau soll nun der entscheidende Schritt getan werden, der zum wissenschaftlichen Verständnis des Phänomens führen und in jenes Urelement eindringen soll, aus dem sich jedes Ordnungsgefüge aufbaut: die Relation.

relatio[23]

ordo und *relatio*

Der Grund für die entscheidende Bedeutsamkeit des Relationsbegriffs für das Verständnis von *ordo* liegt in seiner inhaltlichen Identität mit dem Ordo-Begriff. Der Unterschied beider ist ein formaler; material-inhaltlich stimmen sie überein. „Relation ist nichts anderes als Hinordnung eines Geschaffenen zu einem andern".[24] Im gleichen Abschnitt (ad 7) braucht Thomas noch zweimal die Wendung *relatio vel ordo*. – Wenn wir also das Wesen der Beziehung erfaßt haben, werden wir auch die Mitte von *ordo* getroffen haben; gleichsam die Zelle als Urelement, aus deren Vielzahl und organischer Verbundenheit sich der Körper des *ordo* aufbaut. Relation zielt nämlich nur auf zwei unterschiedene und in irgendeiner Opposition stehende Extreme, welche dann in der Beziehung ihr Ausgewogensein und ihre relative Einheit finden. Über dieser relativ geeinten Gegenüberstellung bauen sich nun im Ordo in dialektischer Bewegung Opposition auf Opposition und Relation auf Relation bis zu der letzten großen Antithese von Immanenz und Transzendenz, deren Synthese dem Geist nicht mehr erreichbar ist, da sie in der Transzendenz verborgen liegt.

Es ist die Frage nach der Seinsart der Urzelle gestellt, aus der sich der Ordo aufbaut; denn in aller bisherigen Bestimmung von Ordo wurde noch nicht aufgehellt, was *ordo* ist oder wie er ist. Wir sagten, er ist materiell nicht greifbar, er sei ein Geistiges; damit wurde er in einen Bereich verwiesen, dessen Unendlichkeit keine konkrete Bestimmung schafft. In der Frage nach der Relation wird versucht, jene Weise der Wirklichkeit abzugrenzen, welche dem Begriff *ordo* entspricht; es wird versucht, die Seinsart des *ordo* zu bestimmen.

Aristoteles

Aristoteles, auf den sich Thomas in dieser Frage in erster Linie stützt, geht in seiner Behandlung der Relation in der Kategorienlehre von einer ihm überkommenen Definition aus[25]; sie lautet: „,*pros ti*' heißt solches, dem das, was es ist, im Vergleich zu einem anderen beigelegt wird".[26] In dieser

---

23 Vgl. A.M. Horváth, Metaphysik der Relationen, Graz 1914.

24 Ipsa relatio, quae nihil aliud est quam ordo unius creaturae ad aliam . . . . . (de pot. VII. 9 ad 7) Relatio realis consistat in ordine unius rei ad rem aliam (de pot. VII. 10) Realis relatio consistit in ordine rei ad rem. (de pot. VII. 11)

25 Vielfach wird angenommen, daß diese Definition von Plato stamme; vgl. hierüber A. Trendelenburg, Geschichte der Kategorienlehre (1846) 1963, S. 120; Horváth, a.a.O. S. 11.

26 Aristoteles „Κατηγορίαι" 7 (6 a 36 f.) πρός τι δὲ τὰ τοιαῦτα, ὅσα αὐτὰ ἅπερ ἐστὶν, ἑτέρων εἶναι λέγεται, ἢ ὁποσοῦν ἄλλως πρὸς ἕτερον.

Definition ist das Wesen der Relation getroffen: nämlich, daß sie nur ist als Verhältnis zu einem anderen. Diese Bezeichnung ist zwar ganz allgemein, läßt aber trotzdem nicht alle Arten von Relation unter sich fassen. Aristoteles macht wohl einige Unterschiede zwischen verschiedenen Arten von Relationen, von denen die erste nahe an die Unterscheidung Thomas' zwischen Seinsbeziehungen und Aussagebeziehungen herankommt[27], wenn sie auch beim Beispiel stehen bleibt und nicht die Unterscheidung hervorhebt; andere stellen die Kontrarietät der Extreme oder die Notwendigkeit der Gleichzeitigkeit der Extreme fest; jedoch sind es eben reine Feststellungen, denen noch die Durchdringung und Systematisierung fehlt. So schließt denn auch sein Abschnitt über das *pros ti* mit fragendem Zweifel: es sei schwer, sich über diese Fragen bestimmt auszusprechen, ohne sie wiederholt erwogen zu haben. Jedenfalls sei es nicht ohne Nutzen, die Zweifel hervorzuheben.

Die Behandlung der gleichen Frage in den Büchern der Metaphysik ist geordneter; er hebt hier vor allem die für eine Relation notwendigen nächsten Fundamente hervor: Quantität, Tun und Leiden und Maß und Gemessenes. Er unterscheidet auch schon zwischen Relationen der beiden ersten Arten und der dritten, indem er sagt: ,,Wo von Relation im Sinne von Zahl und Vermögen gesprochen wird, da steht etwas in Relation immer dadurch, daß es schon seinem Wesen nach als in Beziehung zu etwas anderem stehend gedacht wird, und nicht dadurch, daß noch erst etwas anderes in Beziehung dazu träte. Dagegen was meßbar, was erkennbar, was denkbar heißt, das heißt etwas Relatives dadurch, daß ein anderes zu ihm in Beziehung gesetzt wird.''[28] Hier ist der entscheidende Unterschied innerhalb der Relationen, der oben schon erwähnt wurde, ausgesprochen; aber es bleibt bei dieser Feststellung.

Zusammenfassung: Aristoteles erkannte das Wesen der Relation in dem πρός τι, in dem reinen Hinweis. Damit hatte er die grundlegende Erkenntnis gewonnen, wenn er auch noch nicht die Unterscheidung durchgeführt hatte, durch die hindurch erst der Zugang zum vollen Verständnis der Relation gefunden wurde.

Vorläufige Beschreibung der Beziehung

Wenn wir nun in einer vorläufigen Beschreibung das Phänomen der Beziehung erfassen wollen, so finden wir folgende Merkmale:

1. Die Aristotelische Bezeichnung *pros ti (ad aliquid)* meint eine bestimmte akzidentelle Seinsweise an einem Subjekt. Dieses Subjekt ist also die erste Voraussetzung für die Beziehung. Doch sagt der Name noch mehr: dieses Subjekt trägt die Seinsweise des *ad aliquid;* hier ist ein zweites Sein

---

27 Vgl. Anhang 1.
28 Arist. Met. V, 15. (1021 a 26–29) Τὰ μὲν οὖν κατ' ἀριθμὸν καὶ δύναμιν λεγόμενα πρός τι πάντα ἐστὶ πρός τι τῷ ὅπερ ἐστὶν ἄλλου λέγεσθαι αὐτὸ ὅ ἐστιν, ἀλλὰ μὴ τῷ ἄλλο πρὸς ἐκεῖνο· τὸ δὲ μετρητὸν καὶ τὸ ἐπιστητὸν καὶ τὸ διανοητὸν τῷ ἄλλο πρὸς αὐτὸ λέγεσθαι πρός τι λέγονται. – Übersetzung von Ad. Lasson, Jena 1907.

(aliquid) genannt, das sich zu dem ersten verhält wie das Ziel *(ad)* zu dem sich ihm Zuneigenden. – Diese beiden Seienden, als real von einander verschiedene[29], sind die erste Voraussetzung der Relation. „Zur Relation sind zwei Extreme erforderlich."[30]

2. Die Extreme stehen in einem gewissen Gegensatzverhältnis.[31] Dieser Gegensatz der Relativen ist jedoch weder ein konträrer, so daß ein Extrem das andere ausschlösse, noch ein kontradiktorischer, so daß das eine Extrem das andere ganz oder teilweise verneinen würde.[32] Die *oppositio relationis* beruht auf der Differenziertheit der Dinge, d.h. durch ihre Besonderheit *(differentia specifica)* sind die Dinge von einander geschieden *(differre* = auseinandertragen).

3. Diese Gegensätzlichkeit findet aber in irgendeiner Bestimmtheit der Relativen wieder ihre, wenn auch relative Einigung. Und zwar so, daß das Subjekt nur durch diese Einigung mit dem anderen existieren oder gedacht werden kann. Diese Einigung der Extreme bedeutet also,

4. die Abhängigkeit des Subjekts von seinem Terminus. Das materielle Element dieser Abhängigkeit ist das Subjekt. Das formale Element, das diese Abhängigkeit formal bewirkt, ist

5. die Relation als Hinweis auf ein anderes Sein, als die Bezugnahme selbst; als ein zwischen beiden Extremen schwebendes Sein.[33]

6. Der relativen Seinsform ist konträr entgegengesetzt die absolute Seinsform.

Die Frage nach der Realität der Beziehung

Nach diesem vorläufigen Überblick erhebt sich sofort die Frage, ob dieses zwischen den Relativen schwebende Sein wirklich „etwas" sei oder ob es nicht etwa nur in unserem Verstande bestünde, in der Naturwirklichkeit aber nicht sei.

Die Frage, die Thomas sich stellt, lautet, ob die Beziehungen im geschaffenen Sein *realiter* da seien, d.h. unabhängig von unserem Denken. Wie meist, so behandelt Thomas auch hier diese allgemeine Frage anläßlich einer besonderen und zwar anläßlich der Frage nach den Beziehungen der Geschöpfe zu Gott. Seine Frage lautet: *Utrum huiusmodi relationes, quae sunt inter creaturas et Deum, sint realiter in ipsis creaturis?*[34] Er führt nun verschiedene Beweise dafür, daß die Relation nicht Setzung des Verstandes, sondern in den Dingen ist.

---

29 Relatio praesupponit distinctionem aliorum generum, utpote substantiae et quantitatis. (De pot. VIII. 3 ad 12)

30 Relatio requirat duo extrema. (Th. s. th. I. qu. 13,7 c) Ad hoc autem, quod aliqua habent ordinem oportet, quod utrumque sit ens, et utrumque distinctum. (de pot. VII. 11 c)

31 Relativa ad invicem opponuntur. (De pot. VII. 8,4). De ratione relationis autem est respectus unius ad alterum, secundum quem aliquid alteri opponitur relative ... Relativa autem oppositio in sui ratione includit distinctionem. (Th. s. th. I. qu. 28,3)

32 1, d 26 II. 2.

33 Relatio est aliquid medium inter extrema relationis. (de pot. VII. 9 arg. 5)

34 de pot. VII. 9.

a) Der erste Beweis ist ein Autoritätsbeweis und bringt das Zeugnis des „Philosophen" vor. Aristoteles führt die Relation unter den zehn Kategorien auf, wie wir schon oben sahen. Diese Kategorien aber sind Seinsformen.[35] Ja, gerade dadurch, daß von einem Sein eine der zehn Kategorien ausgesagt werden kann, unterscheidet es sich als naturwirkliches Ding vom idealen Sein. Wenn also der Relation nur das Sein im Verstande zukäme, hätte sie keinen Platz unter den Aristotelischen Kategorien.

Thomas stellt diesen Beweis sicher nicht an den Beginn, weil er ihm der wichtigste schien. Er führt ihn mit voller Überlegung als Autoritätsbeweis an, da die Glaubwürdigkeit des Zeugen zu seiner Zeit, wenn auch nicht unantastbar, so doch fast allgemein anerkannt war. So sollte der Leser durch diesen Beweis nicht überzeugt werden, sondern erlangte beim Lesen dieses Autoritätszeugnisses jene innere Disposition des Geistes, die ihn die nun folgenden beiden Hauptbeweise ganz erfassen ließ. Allerdings wäre als Autoritätsbeweis doch gegen ihn einzuwenden, daß bei Aristoteles weder in der Kategorienlehre noch in der Metaphysik ausdrücklich jenes Problem auftaucht, um das es sich hier handelt. Die Subsumierung der Relation unter die Seinsformen beruht lediglich auf der Analyse sprachlicher Ausdrücke, deren Summierung allerdings die Relation als Seinsform erscheinen ließ. Die Frage, ob die Relation ein *ens rationis* oder eine *res quaedam* sei, wird von Aristoteles nicht gestellt.

b) Der eigentliche Beweis geht nun von der mittelalterlichen Erkenntnis aus, daß die Vollendung des Seins nicht das einzelne in seiner absoluten und immanenten Vollkommenheit, sondern der *ordo* leiste. Die Pflanze besteht nicht, wenn nicht Erde, Wasser und Sonne sind; der Mensch ist in seiner Vollendung nicht der Eremit, sondern der Mensch in der Ordnung der Gemeinschaft, oder das hier angeführte Bild, das am klarsten spricht: das Heer ist erst Heer durch die besondere Ordnung seiner Glieder; so auch das Universum. „Die Ordnung muß also irgendetwas in den Dingen selbst sein; diese Ordnung aber ist eine bestimmte Beziehung; also sind die Beziehungen irgendetwas in den Dingen selbst, gemäß dem eines auf ein anderes hingeordnet ist.[36]

c) Der dritte Beweis baut sich auf diesem auf: Eine Beziehung besteht nur auf den Fundamenten der Quantität oder des Tuns und Leidens. Durch die Substanz und die Qualität ist ein Seiendes in erster Linie in sich selbst bestimmt; eine Zuordnung zu einem Seienden außer ihm ist höchstens akzidentell. Quantität wird aber nur an einer anderen Quantität gemessen;

---

35 In nullo enim praedicamento ponitur aliquid nisi res extra animam existens. (ibid)

36 Perfectio et bonum quae sunt in rebus extra animam, non solum attenditur secundum aliquid absolute inhærens rebus, sed etiam secundum ordinem unius rei ad aliam; sicut etiam in ordine partium exercitus bonum exercitus consistit; ... oportet ergo in ipsis rebus ordinem quemdam esse; hic autem ordo relatio quaedam est. Unde oportet ih rebus ipsis relationes quaedam esse, secundum quas unum ad alterum ordinatur. (de pot. VII. 9)
Zu beachten ist, daß es nicht heißt, die Relationen seien *aliquid*, sondern *quaedam, secundum quas*. (Vgl. unten d.)

doppelt und halb. Tun und Leiden setzen sich gegenseitig. Durch die tätige Kraft wird ein anderes „behandelt"; und ich erleide nur von einem Fremden. „In der Bezeichnung der Relationsarten, setzt er (Aristoteles) die einen als aus der Quantität, die anderen als aus Tun und Leiden verursachte.[37] Die Dinge also, die in Zuordnung zu etwas stehen, müssen naturwirklich auf dieses bezogen sein; die Beziehung muß „in ihnen irgendeine Sache sein."[38] Die Relation besitzt also in einer noch völlig unbestimmten Weise ein naturwirkliches Sein; die Weise dieses Seins wird erst erkannt aus dem Wesen und der Struktur der Relation selbst.[39]

d) Die Untersuchung dieser Struktur der Relation und ihre Wesensanalyse ergibt folgendes: Die Relation ist ein „Zwischen-Sein" zwischen zwei Extremen; sie ist kein drittes Ding zwischen den beiden relativen Dingen; sie hat ihre „Wirklichkeit" nur in den Relativen, nicht in einer eigenen dritten Substanz; formal bedeutet die Wirklichkeit den „Hinweis" des einen auf das andere, den *respectus*. Irgendwie – so sahen wir schon – muß dieses mediale Sein der Relation wirklich sein, einmal, weil sonst ein Heer ohne Ordnung (Ordnungs-Beziehung) wäre wie ein geordnetes Heer, um wiederum das seit Aristoteles gebräuchliche Standardbeispiel anzuführen; beziehungsweise Chaos gleich Ordnung wäre. Andererseits muß die Zuordnung des Tätigen zum Erleidenden ebenso real sein wie die Tat selbst. Doch bleibt die Frage, wie denn diese Realität zu denken sei; denn daß bei diesem schwer faßbaren Sein leicht die Meinung aufkommen konnte, *quod relatio non sit aliqua res*[40], daß die Relation nicht etwas Wirkliches sei, ist erklärlich, und vielfach wendet sich Thomas mit historischen Anmerkungen gegen diesen Irrtum.

Zuerst könnte angeführt werden, daß die Relation etwas schafft, und zwar die Unterscheidung. Die Unterscheidung der Kategorien setzt sie allerdings voraus (die Quantität oder Substanz); den s p e z i f i s c h   r e l a t i v e n Unterschied aber setzt sie; z.B. groß und klein setzt die Relation als Unterscheidung voraus; den bezüglichen Unterschied aber doppelt und halb setzt sie

---

37 Vgl. Anhang 3. f).

38 Species assignans relationes, quasdam ponit ex quantitate causatas, quasdam ex actione vel passione. Sic ergo oportet, quod res habentes ordinem ad aliquid, realiter referantur ad ipsum et quod in eis aliqua res sit relatio. (ibid.)
Thomas bezeichnet hier die Relation als *aliqua res*. Das formal-wichtige Wort ist hier *aliqua*. Relation ist nicht ein Ding wie ein körperliches; aber auch nicht Ding wie etwa Substanz oder Qualität o.ä. Sie ist eben nicht eigentlich *res*, sondern *„quidam, secundum quid"*; d.h. sie ist reines Formprinzip, das sein Sein von einem anderen her bekommt. Thomas akzentuiert, daß das relationale Sein, auch wenn es kein substantiales Sein und ein *ens debilius*, doch ein wirkliches Sein ist.

39 Da die Analyse des Relationsbegriffes – zwar sachlich unerläßlich – dem nicht ausdrücklich an der Logik interessierten Leser zu sehr als Detailarbeit erscheinen würde, wurde sie in den A n h a n g gesetzt. Hier folgen nur die Ergebnisse, welche die Analyse für die Erkenntnis der Seinsart der Relation und damit des *ordo* hat.

40 de pot. VIII. 2.

nicht voraus, sondern schafft ihn.[41] Doch damit ist die Frage nach dem „Wie" noch nicht geklärt. Das ganze Sein der Relation gründet sich auf das Fundament.[42] „Die Relation ist nur dadurch naturwirkliches Sein, daß sie ein Fundament in der Sache hat und von daher ihren Platz in der Gattung zugewiesen bekommt."[43] Die übrigen Akzidenzien sind ihrem Wesen nach Etwas; so die Quantität, die darum ein Etwas setzt, weil sie „Menge" ist; und ähnlich die anderen. Der Relation ist es aber ihrem Wesen nach nicht eigen, ein „Etwas" zu setzen, sondern nur den Hinweis „auf etwas". Daher gibt es Relationen, denen in der Wirklichkeit nichts entspricht, sondern nur im Denken, was bei den anderen Akzidenzien nicht möglich ist. Doch weil die Relation nach ihrem Wesensbegriff nicht „etwas" setzt, so ist es doch auch nicht ihr Wesen, ein Nichts zu setzen; so wäre keine Relation mehr ein Wirkliches; dann könnte die Relation auch nicht mehr unter die zehn Kategorien gezählt werden. Daß sie ein reales Etwas ist, hat die Relation von dem her, was sie verursacht, denn wenn in einem Seienden eine reale Eigenschaft angetroffen wird, auf Grund derer es zu einem anderen hinstrebt oder mit ihm verglichen wird, dann sprechen wir von einem wirklichen Vergleich, von wirklicher Abhängigkeit, von wirklicher Bezugnahme.[44]

Thomas findet über den Kausalzusammenhang den Weg zur Einsicht in die Realität der Relation. Wenn die Ursache wirklich ist, muß auch die Wirkung wirklich sein. In der *Summa contra Gentiles* variiert er diesen Weg: „Jede Relation, die aus der besonderen Tätigkeit eines Dinges folgt oder aus einer Möglichkeit oder der Quantität oder irgendetwas ähnlichem, hat reales Sein in diesem."[45] Daraus erhellt auch der Sachverhalt der einseitigen Beziehungen: die Beziehungen des Wissenden zum Wißbaren folgt aus der Initiative und dem Tun des Wissenden. Da diese Initiative und dieses Tun auf der Seite des Wißbaren fehlt, ist die Beziehung in diesem Sinne nicht real, sondern nur gedacht. Insofern die Ursache wirklich ist, insoweit auch die Wirkung. Wir sahen aber, daß die Ursache für das ganze

---

41 Relatio praesupponit distinctionem aliorum generum, utpote substantiae et quantitatis, quandoque etiam et passionis; sed distinctionem quae est secundum *ad aliquid* relatio non supponit, sed facit; sicut relatio dupli praesupponit diversitatem magni et parvi; hanc autem differentiam quae est secundum duplum et dimidium non praesupponit, sed facit. (de pot. VIII. 3 ad 12)
Thomas bringt de pot. VIII. 1. noch einen Beweis aus der Trinitätstheologie; sein Gedankengang ist kurz folgender: Die drei Personen sind real verschieden; diese Verschiedenheit kann aber wegen der Einheit Gottes keine absolute sein. Da die Unterscheidung aber real ist, muß auch diese sie konstituierende Relation real sein.

42 Vgl. Anhang 3. b) und d)

43 Relatio non habet naturale esse nisi ex hoc quod habet fundamentum in re et ex hoc collocatur in genere. (1, d 26 II. 2. ad 4)

44 ... ad aliquid ex propria sui generis ratione non habet quod ponat aliquid, sed *ad aliquid*. ... Habet autem relatio quod sit aliquid reale, ex eo quod relationem causat. (Quodl. IX. qu. 2,1 c)

45 Omnis enim relatio, quae consequitur propriam operationem alicuius rei, aut potentiam, aut quantitatem, aut aliquid huiusmodi, realiter in eo consistit. (Cg. IV. 14–3507)

Sein der Relation die Substanz ist, der sie inhäriert. Inwieweit die fundamentierende Substanz naturwirklich ist, insoweit auch die Beziehung.[46]

Also nur auf Grund der Realität und des aktuellen Vorhandenseins der Extreme wird die Realität der Relation behauptet. Sind die Extreme nur Gedankendinge, so ist es auch die Relation; sind sie real, so ist die Relation real.

Da das Sein der Relation so gering ist *(debilissimum)*, ist es unserem Denken nicht mehr direkt greifbar. Darum sucht Thomas durch den Umweg über den Kausalzusammenhang den Zugang zu ihm zu finden.

Zusammenfassung

Damit und mit Berücksichtigung dessen, was im Anhang ausgeführt wird, kann die Untersuchung der Relation abgeschlossen werden. Nach der Einsicht in ihr Sein und Wesen, in ihre verschiedenen Arten[47] und nach einer Erhellung der Frage nach ihrer Realität stellen wir dieses Ergebnis nun in den Zusammenhang.

Ordo ist gleich *relatio.* Ordo ist ein sehr weiter Begriff; doch um seine größte Weite als *ordo universi* zu verstehen, ist es notwendig, seine letzten Elemente ans Licht zu bringen. Die Grundlage des *ordo universi* ist der *ordo unius rei ad alterum,* die Zuordnung von Ding zu Ding, und diese ist gleich der Beziehung, in deren Sein wir einzudringen versuchten.

Ordnung ist ihrem Wesen nach nicht für sich; Ordnung ist zwischen den Dingen; ist ein Schwebendes in allem und um alles Seiende. Sie scheidet die Dinge voneinander und zieht sie wieder zueinander. Sie ist die unsichtbare Verstrebung des Alls, die alles scheidet und doch verbindet, die bewegt, ja lebendig macht, ja vergeistigt; also doch nicht Verstrebung, sondern – ganz unmechanisch – eben jenes *pondus* zwischen den Dingen, das sich als jene neue Seinsart konstituiert: Ordo als Medium alles Seins.

Ordnung ist ihrem Sein nach als Ordnung für sich nichts. Ihr ganzes Sein ruht auf den Dingen. Jede Ordnung ist in einem Seienden (die Umkehrung des im vorigen Abschnitt[48] gefundenen Satzes: jedes Seiende ist geordnet). Ordnung an sich ist nur ideal. Darum ist Ordnung auch nie an sich, nur immer in den Dingen, in der Welt erfahrbar.

Ordnung ist nicht von unserem Denken geschaffen; sie ist real. Doch ist ihr Sein wie ein Hauch, *debilissimum.* Ihre ganze Realität hat sie von dem Sein, das sie ganz trägt. Die Realität von Ordnung ist nicht direkt erkennbar; sie kann durch Ergründung von Zusammenhängen erhellt werden. Ordnung entzieht sich dem Bereich diskursiven Denkens; durch den Kausalzusammenhang kann noch so genau nachgewiesen werden, daß Ordnung ein Etwas sein muß, die Einsicht kann doch verschlossen bleiben. Der Beweisgang leuchtet ein, aber er nötigt nicht; hier hat das objektivierende Wissen seine Grenze.

---

46 Relatio, inquantum est relatio, non habet quod subsistat vel subsistere faciat; hoc enim solius substantiae est. (de pot. VIII. 3 ad 7)

47 Vgl. Anhang.

48 Kap. 3.

finis

ordo in finem

Da alles Sein gemäß seiner Natur durch eine Hinneigung *(inclinatio)* zu anderem Sein in Beziehung steht, ist jedes nicht nur durch seine Besonderheit anderem gegenüber festgelegt, sondern der jedem Sein immanente Impetus verleiht ihm ein Streben. Dieses im Sein beschlossene Streben muß wie jedes Handeln auf ein Ziel gehen[49] oder, wie oben gezeigt wurde: jede Relation verlangt ihren aktuellen Terminus. Diese Hinordnung des natürlichen Seins auf ein Ziel ist lückenlos und unfehlbar.[50]

Das Ziel aber dieses strebend-bewegten Seins ist das Gute; das Tätige ist tätig um des Guten willen[51], und darum ist das Ziel eines jeden Dings das Gute. Jedes Sein ist gut[52]; doch nicht vollkommen gut; so strebt jedes Gute zu dem vollkommenen Gut; dieses aber ist Gott.[53]

Innerhalb der Betrachtung der Relation hatten wir vor allem die Beziehung des kontingenten Seins zum kontingenten Sein im Auge, den *ordo ad invicem.* Wenn das Chaos bloßer Distinktion des Seienden durch das *pondus* des *ordo ad invicem* in einem Gefüge gefaßt und verbunden wurde, so gerät nun dieses als rein kosmologische Gebundenheit noch konstruktiv anmutende Gefüge durch das neue *pondus* des *ordo in finem* in eine metaphysische Bewegung. Es ist wie in einem Magnetfeld, in dem zuerst die Eisenspähne sich in irgendeiner räumlichen Ordnung durch Neben- und Übereinanderlagerung zueinander verhielten, in das aber nun ein Strom eingeführt wird, der jedes kleinste Teilchen auf den Pol ausrichtet und der auf jeden Teil eine anziehende Kraft ausübt. Die Bewegung, welche der *ordo in finem* darstellt, geht nicht von den Dingen, sondern von dem Ziel aus, dem als Ziel die Mächtigkeit einer Ursache eignet, wie vorhin für den Terminus gezeigt wurde.

Das Gute ist in den Dingen auf zweifache Weise: Wie man beim Zurückgehen einen gemeinsamen Ursprung allen Seins und die besonderen Prinzipien der Dinge auffindet, so sind die Dinge gut wegen der Ordnung, die sie untereinander haben, d.h. sofern sie ihre zunächst liegenden Zwecke

---

49 Omne agens agit propter finem. (Th. s. th. I. qu. 44,4) – Cg. III. 2.
50 Res naturales ordinantur in suum finem absque errore. (Cg. III. 26,7–2084)
51 Cg. III. 3.
52 Ens et bonum convertuntur. (Cg. III. 16. Th. s. th. I. qu. 5,3; qu. 17,4 ad 2; I.–II. qu. 18,1 u.ö.)
53 Si enim nihil tendit in aliquid sicut in finem, nisi inquantum ipsum est bonum, oportet quod bonum inquantum bonum sit finis. Quod igitur est summum bonum, est maxime omnium finis. Sed summum bonum est unum tantum, quod est Deus; omnia igitur ordinantur, sicut in finem, in unum bonum, quod est Deus. (Wenn etwas nur dann auf ein anderes als auf sein Ziel zustrebt, wenn dieses selbst ein Gut ist, so folgt notwendig, daß ein Gut, insofern es gut ist, Ziel ist. Was höchstes Gut ist, ist daher am meisten Ziel. Das höchste Gut aber ist nur eins: es ist Gott; daher ist alles auf ein Gut als auf sein Ende hingeordnet; das ist Gott.) Cg. III. 17,1.–1990.

(finis proximus) erfüllen, wie auch durch ihre Hinordnung auf das letzte Ziel *(finis ultimus)*, in dem ihr Endzweck erfüllt ist.[54]

Finis proximus und *finis ultimus* stehen nicht unverbunden nebeneinander. Der zweite ist eben „finis ultimus", der letzte, in dessen Dienst der erstere steht und der nur durch Erfüllung des ersteren erreicht wird. Ein Ding findet nur dadurch gerecht und angemessen seinen Bezug zum „Letzten Ziel", daß es seinen besonderen Zweck, zu dem es seiner Natur gemäß angelegt ist und hinneigt, erfüllt.

Wenn Thomas sagt, daß alles, was irgendwie Sein habe, notwendig von Gott auf ein Ziel hingeordnet sei[55] oder daß das immanente Ziel des All, der *ordo universi,* nicht das letzte Ziel sei (dieses sei ein transzendentes Gut[56]), so ist damit umschrieben, was Thomas *ordo in finem* nennt.

ordo finium

In dem Besprochenen wurde aber noch eine tiefere Schicht des Ordnungsaufbaues spürbar; ich verweise auf den eben zitierten Text aus dem II. Buch des Sentenzenkommentars; dort hieß es, daß das letzte Ziel *mediante fine proprio* angestrebt würde. Diese Mittlerstellung des besonderen naturgemäßen Zwecks eines Seins deutet über die Hinordnung auf ein Ziel hinaus, auf Ordnungsbeziehungen unter den Zielen selbst. *Finis proximus* und *finis ultimus* stehen nicht nebeneinander, sondern sind in einer Ordnung gebunden und stehen ineinander *(ordo finium).* Dieser *ordo finium* richtet

---

54 In progressu rerum a principio invenitur unum rerum principium primum, quod commune est omnium, sub quo inveniuntur alia principia propria, quae in diversis sunt diversa; ita etiam in referendo res ad finem invenitur ultimus finis omnibus communis, qui est ultimus finis. Sed inveniuntur diversi fines proprii secundum diversitatem entium. Bonum enim invenitur in rebus secundum duplicem ordinem (Aristoteles); scilicet secundum ordinem unius rei ad rem aliam, qui ordo similis est ordini, quem partes exercitus ad invicem habent; et alius est ordo rerum ad finem ultimum qui scilicet est similis ordini exercitus ad bonum ducis; et quia res referuntur in finem ultimum communem, mediante fine proprio, ideo secundum diversitatem finis proprii efficitur diversa relatio rerum ad finem ultimum. (In dem Hervorgang der Dinge aus ihrem Ursprung wird aber ein erster Ursprung der Dinge gefunden, der allen gemeinsam ist; unter diesem werden andere besondere Prinzipien angetroffen, die bei den verschiedenen Dingen verschieden sind; ebenso wird bei dem Bezug der Dinge auf ihren Zweck ein letzter allen gemeinsamer Zweck gefunden, der letztes Ziel ist. Die verschiedenen, besonderen Zwecke aber werden je nach der Verschiedenheit der Dinge angetroffen. „Gut" wird ja in den Dingen nach einer doppelten Ordnung gefunden: nach der Ordnung des einen Dings zu einem andern; diese Ordnung ist ähnlich der Ordnung, welche die Teile eines Heeres untereinander haben. Anders ist die Ordnung der Dinge auf ihr letztes Ziel hin, die der Ordnung des Heeres auf das Wohl des Heerführers ähnlich ist. Und weil die Dinge vermittels der besonderen Zwecke auf ihr letztes gemeinsames Ziel sich hinbeziehen, darum wird entsprechend der Verschiedenheit der besonderen Zwecke eine verschiedene Beziehung der Dinge zu ihrem Endzweck bewirkt.) 2, d 38 I. 1. c.

55 Unde necesse est omnia quae habent quocumque modo esse ordinata esse a Deo in finem. (Th. s. th. I. qu. 22,2)

56 Finis universi est aliquod bonum in ipso existens, scilicet ordo ipsius universi. Hoc autem bonum non est ultimus finis, sed ordinatur ad bonum extrinsecum, ut ad ultimum finem, sicut etiam ordo exercitus ordinatur ad ducem (Aristoteles). (Th. s. th. I. qu. 103,2 ad. 3)

sich aus nach dem *ordo agentium*[57]; d.h. die Stufe der Seinsfülle und Würdigkeit eines Zweckes richtet sich nach der Seinsfülle und Würdigkeit des Tätigen oder „wirk"lichen Seienden *(ens actu)*. Ist dieses Seiende ein niedriges, so ist das Ziel (das Gut, der Wert usf.) ein ganz nahes und vorläufiges; ist es etwa das höchste Sein, der erste Beweger, so ist das Ziel (das Gut, der Wert usf.) das Höchste *(ordo bonorum)*.

Thomas veranschaulicht diesen Zusammenhang an dem von ihm so geschätzten Bild vom Staat und Heer: *secundum ordinem agentium est ordo finium.*[58] Dem Letzten Ziel entspricht der Erste Handelnde: den anderen Zielen sind entsprechend die anderen Handelnden. „Wenn man nämlich einen Staatslenker, einen Heerführer und einen Soldaten betrachtet, steht fest, daß der Staatslenker in der Ordnung der Handelnden voransteht. Nach dessen Befehlsgewalt kommt der Heerführer im Kriege; unter ihm steht der Soldat, der gemäß der Anordnung des Heerführers an der Front kämpft. Das Ziel des Soldaten ist, den Feind niederzukämpfen; dies ist weiter auf den Sieg des Heeres hingeordnet, welcher das Ziel des Heerführers ist; dieser aber ist weiterhin geordnet auf den Wohl-Stand des Staates oder Königreiches, was das Ziel des Staatslenkers und Königs ist."[59]

So wie das Seiende sich in Schichten und Stufen aufbaut und in dieser Ordnung wieder zur Einheit gefaßt ist, so auch die Zwecke dieses Seienden. Es besteht nicht nur die gewaltige Ordnung alles Seins in gegenseitiger Beziehung, auch die Fundamente dieser Beziehungsordnung sind wiederum in Ordnungen gestuft und gefaßt; ebenso die Termini. Das Ganze aber dieser durch Beziehungen verwobenen Ordnung strebt zur letzten absoluten Einheit. Diese immer von neuem ansetzende Überwölbung des auseinander *(distinctio)* und im Gegensatz stehenden Seins *(oppositio)* durch eine höhere Ordnung kann an die Hegelsche Dialektik erinnern. Bei Thomas liest man den Satz: „Gegensätze, und wenn sie hinsichtlich ihrer nächsten Ziele auseinanderklaffen, vereinigen sich doch im Hinblick auf das letzte Ziel, sie sind zusammengeschlossen in der einen Ordnung des Alls."[60]

Bevor wir nach dem Ursprung dieses *ordo in finem* fragen, soll zuerst – soweit es nach dem Bisherigen noch offen geblieben ist – geklärt werden, was *finis* hier heißt.

---

57 Secundum ordinem agentium sive moventium sit ordo finium. (Th. s. th. I.–II. qu. 109,6)

58 de pot. VII. 2 ad 10.

59 Si enim considerentur rector civitatis et dux exercitus et unus singularis miles, constat quod rector civitatis est prior in ordine agentium, ad cuius imperium dux exercitus in bello procedit; et sub eo est miles, qui secundum ordinationem ducis exercitus manibus pugnat. Finis autem militis est prosternere hostem; quod ulterius ordinatur ad victoriam exercitus, quod est finis ducis; et hoc ulterius ordinatur ad bonum statum civitatis vel regni, quod est finis rectoris et regis. (ibid.)

60 Contraria etsi dissentiant quantum ad fines proximos, conveniunt tamen quantum ad finem ultimum, prout concluduntur sub uno ordine universi. (Th. s. th. I. qu. 103,3 ad 2) – Cf. Cg. III. 64.

Wesensbild von *finis*

Ziel eines jeden Seienden ist das „Gut".[61] Gut aber ist an einem Ding sein Sein. Das Ziel eines jeden Dinges ist also sein Sein; d.h. in der Fülle das Sein zu verwirklichen, das in seinem Wesen angelegt ist („Werde, was du bist"). Eine Blume soll blühen, ein Baum Frucht tragen. Ein Mensch soll Mensch *(humanus)* sein. Dies einem jeden natürliche Sein auszufüllen, ist der „Zweck" *(finis proximus)* eines Seienden. „Zweck" entbehrt hier jeden utilitaristischen Nebensinn. Auch der stets zwecksüchtige, rechnende Aktivismus einer rationalistischen Haltung, der hastigen Fortschritt will und jedes Ruhende verachtet, liegt gänzlich außerhalb.

„Zweck" in unserem Sinn kennt dieses in jenem Sinne „zwecklose", einfache Dasein des Steines in der Wüste, kennt auch das „sinnlos" sich verschwendende Leben einer Blume, die in ihrem einmaligen herrlichen Aufblühen stirbt, die darin ihr Sein vollbrachte; ihr Blühen und Sterben hatte „Sinn".[62] „Ziel" meint eine Seinsverwirklichung, die größtmögliche Erfüllung eines Seienden; diese wird angestrebt als „Zweck". Zweck steht hier nicht dem Subjekt als Objekt (‚Reich der Werte') gegenüber, sondern Zweck ist immanent. Für jedes Ding gibt es nur einen „Zweck": sein *bonum,* welches sein Sein (Wert) ist. Eine Blume soll ganz Blume sein, und der Mensch soll sein volles Menschsein erstreben; das kann individualistisch mißverstanden werden; aber das individualistische Menschsein ist kein volles Menschsein; es übersieht entscheidendste Wirklichkeiten wie Gemeinschaft, Volk u.a.

inclinatio naturalis geht auf den „Zweck" zu. Sie ist Hinneigung, die von Natur eingeboren ist; sie ist Streben aus innerem Antrieb, „substantiales Wollen".

Darüber hinaus richtet sich *in finem* auf jedes andere Seiende und seine Realisierung; in jeder Begegnung mit anderem wächst das Seiende innerlich oder äußerlich, da das „Gut" eines Seienden *in ordine ad* . . . liegt; das Gut ist aber immer ein Sein.

Zuletzt richtet sich darum *in finem* immer auf die Fülle des Seins, auf das *ens absolutum,* auf das *ens perfectissimum* als sein letztes Ziel *(finis ultimus).* In ihm geht alles Sich-Neigen und alles Streben in eine neue Ruhe ein. „Das Ziel ist die Ruhe des Strebens".[63] Dieses Wort erinnert an jene Ruhe, von der Augustinus in den letzten Kapiteln seiner *Confessiones* spricht in dem Bilde vom siebten Tag ohne Abend und von dem Herrn, der immerdar schafft und immerdar ruht.

---

61 Quicquid est finis, sit huiusmodi inquantum est bonum. (Cg. III. 17. – 1991)

62 „Der Sinnbegriff ist nicht nur durch seinen widerspruchslosen Gehalt erschöpft, sondern er schließt auch in erweiterter Bedeutung das fundierende Moment für eine als Ziel hingestellte und auf zweckmäßigem Wege zu erreichende Realisierung ein." F.J. v. Rintelen, Der Wertgedanke in der europäischen Geistesentwicklung, Halle 1932, S. 26. – Vgl. Verf. Sinn und Ordnung. In: Das Problem der Ordnung, hg. v. H. Kuhn u. F. Wiedmann, Meisenheim/Glan, 1962, S. 125–141.

63 Finis est in quo quiescit appetitus agentis vel moventis, et eius quod movetur. (Cg. III. 3.– 1880) – Cg. III. 16,3.–1987.

Urheber des *ordo in finem; providentia*

Gott ist der Urheber der Ordnung.[64] Er ist auch der Urheber des *ordo in finem*, der Hinordnung der Dinge auf ihre „Voll-Endung".[65] Diese Urheberschaft Gottes wird von Augustinus und Thomas eigens genannt mit den Namen *providentia* und *gubernatio*. Durch seine Vorsehung ordnet Gott alles.[66] Da in Gott als absolutem Sein nichts mehr auf ein Ziel hinordenbar ist, da er selbst *finis ultimus* ist[67], ist er das einzige Wesen, das die Ordnung setzen kann. Dieses Ordnungsetzen des absoluten Seins ist *providentia*.[68] „Da Gott durch seinen Verstand Ursache der Dinge ist und da auf diese Weise das Wesensbild einer jeden seiner Wirkung irgendwie in ihm vorherbestehen muß, ist es notwendig, daß der Plan der Hinordnung der Dinge auf ihr Ziel im göttlichen Geiste vorherbesteht. Der Plan aber, nach dem die Dinge auf ihr Ziel hingeordnet werden, ist im eigentlichen Sinne die Vorsehung."[69]

Vorsehung ist also weder unabänderlich-lastendes Fatum noch Eigenschaft eines etwas abergläubisch gesehenen Schutzgottes, der dazu da ist, Unglück zu verhüten.

Vorsehung ist jenes unvorstellbare Vordenken alles Seins[70] in seiner Voll-Endung. Vorsehung ist das im göttlichen Geiste gedachte Bild des erfüllten Alls; zugleich aber auch die Hinlenkung des noch unvollendeten Seienden auf seinen Endzustand hin. Albert der Große nennt sie die *ordinatrix providentia*.[71] Von hier aus wird sich der aufs erste exzentrisch anmutende Satz bei Thomas begreifen lassen: „Id quod maxime curat Deus in rebus creatis est ordo universi" (Worauf Gott bei dem Geschaffenen am meisten bedacht ist, ist die Ordnung des Alls).[72]

Die Vorsehung ist es im eigentlichen, die das Sein davor bewahrt, daß es im Nicht-Sein versinkt[73]; denn dieses Nicht-Sein ist diametral entgegengesetzt der Vorsehung als dem Vordenken der Seinsvollendung, welches identisch ist mit der Macht zu erschaffen und zu vollenden. „Die Dinge, die nicht erhielten, immer zu sein, ... verändern sich und streben nach der

---

64 Vgl. S. 43 ff.
65 Th. s. th. I. qu. 22,2.
66 Cg. III. 97. Vgl. Cg. III. 61–66.
67 In ipso Deo nihil est in finem ordinabile, cum ipse sit finis ultimus. (Th. s. th. I. qu. 22,1)
68 Ipsa ratio ordinis rerum in finem providentia in Deo nominatur. (ibid.)
69 Cum autem Deus sit causa rerum per suum intellectum et sic cuiuslibet sui effectus oportet rationem in ipso praeexistere, necesse est, quod ratio ordinis rerum in finem in mente divina praeexistat. Ratio autem ordinandorum in finem proprie providentia est. (ibid.) – Übersetzung der Deutschen Thomasausgabe.
70 Ordo rerum profluit a Deo in res secundum quod est praeexcogitatus in intellectu ipsius. (Cg. III. 99,4.–2750)
71 Alb. s. th. II. Tract. VI. qu. 26. mb. 1. sol.
72 Cg. III. 64,9.–2393.
73 Nihil per divinam providentiam, ad id ut non sit pervenire permittitur. (Aug. de mor. manich. II. cap. 7)

göttlichen Vorsehung zu dem Ende, welches in dem Plan der Lenkung des Alls beschlossen liegt."[74]

gubernatio
Gegenüber jenem im Denken Gottes bestehenden Ur- und Endbild des Seienden bezeichnet Thomas die „Einrichtung und Durchführung" der Ordnung mit dem Namen *gubernatio* (Regierung).[75] Er sagt, das Urbild sei ewig, die Regierung zeitlich: damit begegnet uns zum ersten Mal in dem Zusammenhang mit *ordo* der Begriff „Zeit". Daß Ordnung als *gubernatio* in der Zeit ist, heißt, daß sie „jetzt" und „hier" da ist; daß Ordnung als Weltregierung uns in der Geschichte und in der konkret-geschichtlichen Situation erscheint. „Zeitlich" heißt aber hier nicht nur Maß der Bewegung. Zeit erklärt sich hier aus seinem Widerpart: *aeternum*, ewig. Zeit meint das innerweltliche Sein; ein zeitliches Geschehen spricht also immer einen konkreten Menschen an. In der *gubernatio* ist es möglich, „jetzt" Gott zu erfahren. *gubernatio* (Lenkung der Welt) ist also nicht irgendwie da; auch nicht allein jetzt und hier überhaupt da; sondern sie spricht mich an, „jetzt", „hier", und wird so Erfahrung der Immanenz Gottes im Leben dieses Menschen, in diesem Ereignis, im Weltgeschehen.

Thomas geht auf diese Gedanken nicht ein; doch liegt in der Bemerkung, daß *gubernatio temporale* (in der Zeit) sei, gegenüber der *providentia*, die ein *aeternum* ist, die Grundlage einer Geschichtsphilosophie, die auf den weiten geschichtsphilosophischen Hintergrund des Ordo-Gedankens aufmerksam macht.

Die „Regierung" ist die Führung (das *perducere*) des Geschaffenen zu seiner Bestimmung und Vollendung.[76] Das Bild von dem „wohlgeordneten Hauswesen" veranschaulicht das Gemeinte.[77] Da jede Neigung eines Dinges, sei sie von Natur aus oder willentlich, nichts anderes ist als eine Prägung durch den ersten Beweger (wie der Zielflug des Pfeiles auf das bestimmte Ziel nichts anderes ist als Richtungsangabe vom Schützen), daher gelangen alle, die von Natur aus oder willentlich handeln, gleichsam aus eigenem Antrieb dorthin, wohin sie von Gott geordnet sind.[78]

providentia ist die Schau alles Seins am Ende, die Schau der Welt in ihrer letzten Vollendung und Erfüllung; *gubernatio* ist jene in der Zeit wirksame

---

74 Et quae semper esse non acceperunt, ... mutantur, in eum divina providentia tendentes exitum, quae ratio gubernandae universitatis includt. (Aug. civ. Dei XII, 5)
75 Ad providentiae curam duo pertinent: scilicet ratio ordinis, quae dicitur providentia et dispositio et executio ordinis, quae dicitur gubernatio; quorum primum est aeternum, secundum temporale. (Th. s. th. I. qu. 22,1 ad 2)
76 Ad divinam bonitatem pertinet ut, sicut produxit res in esse, ita etiam eas ad finem perducat; quod est gubernare. (Th. s. th. qu. 103,1)
77 ibid.
78 Omnis inclinatio alicuius rei, vel naturalis, vel voluntaria, nihil est aliud quam quaedam impressio a primo movente; sicut inclinatio sagittae ad signum determinatum nihil aliud est quam quaedam impressio a sagittante. Unde omnia quae agunt vel naturaliter vel voluntarie, quasi propria sponte perveniunt in id ad quod divinitus ordinantur. (Th. s. th. I. qu. 103,8)

Macht, durch welche Gott die Welt in ihre Vollendung treibt. – Geschaute Vollendung wie treibende Macht, angestrebte Erfüllung wie die Bewegung alles Seins auf diese Erfüllung hin, sind der *ordo, quo Deus agit omnia quae sunt*[79], durch den Gott alles Sein treibt. *Agere* meint jedes Tätigsein überhaupt. So ist die Ordnung das Medium des Handelns Gottes in der Welt.

Zusammenfassung

Wenn alles das zusammengefaßt wird, was über die noch samenhafte substantielle naturgemäße Neigung jedes Seienden *(inclinatio),* über die Begegnung des Seienden in der wesentlichen, aber noch mit absolutem Gehalt vermischten und in der tangentiellen, aber im reinen Hinweis sich erschöpfenden Beziehung eines Fundamentes zu einem Terminus *(relatio)* und was über *finis* als letztes dynamisches Moment des *ordo* gesagt wurde, so ist damit jenes dritte und entscheidende Element der Ordnung umrissen: *pondus.*

In diesem *pondus* ist eine Kraft im Seienden aufgebrochen, welche das All in eine rastlose Bewegung versetzt. In dem plötzlichen Aufbrechen der Gegensätze und ihrem erneuten Zueinanderstoßen, in dem unendlich vielfachen Sich-Neigen und Streben auch des ganz unbeweglich Scheinenden scheint alles Festgefügte in einen unübersehbaren Wirbel zu stürzen, der einen schwindeln machen könnte. Doch alles erhält seine Schwere in dem Wirbel von dem Ende *(finis)* her. Alle Bewegtheit hat eine Quelle, und alle Bewegung hat ein Ziel: jenes Unerkennbare, auf das weder die Begriffe Ruhe und Bewegung anwendbar sind, weil es vor aller Ruhe und Bewegung war. – Doch wenn auch in diesem Wirbel der Bewegungen alles auf ein Letztes hinstrebt, so wird damit der Wirbel für uns nicht enträtselt, wenn auch das Verwirrende fällt. Ja, die Erfahrung kann sich wandeln in die einer großen Ruhe, wie etwa beim Anschauen des Sternenhimmels das Gefühl des Verlorenseins in dem unermeßbaren Kreisen und Stürzen der Gestirne, Sphären und Welten einen ebenso überfallen kann wie auch das Erleben einer beispiellos gewaltigen Unbewegtheit und Ruhe.

Das Bild von der *pax*

An diese Erfahrung anknüpfend, wird das sinnreiche Bild begreifbar, mit dem das, was mit *pondus* gemeint ist, umschrieben wird: das des Friedens. *Finis gubernationis mundi est pacificus ordo* (das Ziel der Weltlenkung ist friedenschaffende Ordnung).[80] Thomas nimmt dieses Bild von Augustin, wo dieser im „Gottesstaat" das Bild des Friedens entwirft: „Der Friede des Leibes ist das geordnete Maß seiner Glieder; der Friede der vernunftlosen

---

79 Ordo est quo Deus agit omnia quae sunt. (Aug. de ord. II. cap. 4 (11)) – Ordo est per quem aguntur omnia quae Deus constituit. (Aug. de ord. I. cap. 10 (28))
80 Th. s. th. I. qu. 103,2 arg. 3.

Seele ist die geordnete Ruhe ihrer Triebe; der Friede der Geist-Seele ist die geordnete Übereinstimmung ihres Denkens und Tuns. Der Friede von Leib und Seele ist geordnetes Leben und Heil des Lebenden. Der Friede des sterblichen Menschen mit Gott ist der im Glauben geordnete Gehorsam unter dem ewigen Gesetz. Der Friede der Menschen ist geordnete Eintracht. Der Friede des Hauses ist die geordnete Eintracht im Befehlen und Gehorchen der Hausgenossen. Der Friede im Staat ist die geordnete Eintracht im Befehlen und Gehorchen der Staatsbürger. Der Friede im Gottesreich ist die höchst geordnete und höchst einträchtige Gemeinschaft im Genießen Gottes und im gegenseitigen Genießen in Gott. Der Friede aller Dinge ist die Ruhe der Ordnung."[81]

Dies ist der Friede, den die Dinge mit sich haben; jene letzte Gerechtigkeit im Sein der Dinge. „Darum haben sie ihr Maß, ihre Schönheit und einen bestimmten Frieden mit sich" *(ideo habent modum suum, speciem suam, et quandam secum pacem suam).*[82] Dieser Friede und diese Ruhe sind nicht „Untätig-Sein". Menschlich gesprochen ist es bis zum höchsten gesteigerte Konzentration und restloses In-Anspruch-Genommensein des Geistes von dem einen, das die damalige Zeit in seiner Lebendigkeit ergreifen konnte: von Gott.

---

81 Pax corporis est ordinata temperatura partium. Pax animae irrationalis, ordinata requies appetitionum. Pax animae rationalis, ordinata cognitionis actionisque consensio. Pax corporis et animae, ordinata vita et salus animantis. Pax hominis mortalis et Dei, ordinata in fide sub aeterna lege oboedientia. Pax hominum, ordinata concordia. Pax domus, ordinata imperandi et oboediendi concordia cohabitantium. Pax civitatis, ordinata imperandi et oboediendi concordia civium. Pax coelestis civitatis, ordinatissima et concordissima societas fruendi Deo et invicem in Deo. Pax omnium rerum, tranquillitas ordinis. (Aug. civ. Dei XIX, 13)
82 Aug. civ. Dei XII, 5.

10. KAPITEL

Maß, Zahl, Gewicht

Die Voraussetzung für Ordnung:
ens, distinctio, ordinabile finden ihre Erfüllung in den Elementen:
Maß, Zahl und Gewicht

Die große Dreiheit von Maß, Zahl und Gewicht, aus der sich die Ordnung aufbaut, läßt sich am besten in den Abschnitten bei Thomas zusammenfassen, wo er, unabhängig von dieser sich auf das Schriftwort stützenden Dreiheit, die wesentlichen Momente der Ordnung nennt. Das erste Moment des wirklichen *ordo* ist das Seiend-sein; Ordnung ist nur am Seienden, wesentlich oder akzidentell; Ordnung ist nichts für sich; sie baut sich auf einem Fundament auf: dem Seienden *(ens)*.

Das zweite, daß dieses Seiende unterschieden ist. Ordo setzt nicht nur ein Seiendes voraus, sondern zwei, da er schwebendes Sein ist, ein Zwischensein: *medium*.

Das dritte, daß dieses Seiende in irgendeinem Merkmal zueinander hinneigt; daß es nicht absolut getrennt, ohne die Möglichkeit einer Zuordnung nebeneinandersteht, sondern, daß es in der Beziehung zu jener relativen Einheit befähigt wird: ordo.[1]

Wenn nun die mannigfaltigen, terminologisch vielfach schillernden Bezeichnungen für die Ordnungselemente überschaut werden[2], so bedeutet Maß das Dasein *(ens)* eines Dinges aus seinem Ursprung *(principium);* in diesem Dasein liegt eine samenhafte Bestimmung *(terminatio)* des Seins, hinsichtlich seiner Entstehungsgründe *(modus)*, welche eine bestimmte Einheit *(unum)* abgrenzt. Es ist hier das Entstehen des Seienden getroffen, das in seinem zeitlichen Dasein durch das Maß *(prior-posterior)* festgelegt ist.

Zahl scheidet das Seiende und unterscheidet es *(distinctio);* in der Unterscheidung hebt sich jedes Ding durch seine Besonderheit *(differentia specifica)* ab; das bloße Dasein ist zu einem Bestimmten geformt *(forma);* dadurch ist in der Zahl seine Art und Gestalt bestimmt *(species)*. Diese aber macht seine Würde und Schönheit aus *(dignitas, species, pulchritudo)*.

Gewicht ist das Sich-Neigen und Streben des Seins, so wie es in seiner Natur und seiner Form beschlossen liegt *(inclinare, appetere, tendere)*. Das Streben geht auf Vollendung *(finis, perfectio)*. Hier wird das Einzel-

---

1 Ad hoc autem quod aliqua habent ordinem oportet quod utrumque sit ens, et utrumque distinctum, et utrumque ordinabile ad aliud. (de pot. VII. 11)

2 Zum folgenden die Texte: Augustinus: civ. Dei XII, 5; – de nat. bon. III. und XXIII; – de gen. ad litt. IV. 3; – de ver. rel. cap. 7. – – Albert: s. th. I. Tract. I. qu. 3. art. 4. sol. – – Thomas: s. th. I. qu. 5,5; – I.–II. qu. 85,4; – Cg. III. 97; – de ver. XXI. 6; – de pot. VII. 11; – 1, d 20 I. 3. – – Bonaventura: I. Sent. dist 43, art. 1, qu. 3; u.ö.

Schwebende-Seiende in eine bestimmte Festigkeit hineingenommen *(stabilitas)*. Voraussetzung dieser Gefügtheit war die Zuordnungsfähigkeit *(ordinabilis ad aliud)*; die Gefügtheit des Seienden selbst ist das Wesen der Ordnung *(ratio ordinis)*; sie ist das höchsterreichbare Sein *(optimum universi)*; ist dieses erreicht, so herrscht Gerechtigkeit und Friede *(justitia, pax)*.

In dieser Dreiheit jedes Seienden ist Ursprung, inneres Geformtsein und äußeres Bezogensein im All zusammengefaßt. Die Dreiheit des *ex-in-ad:* Maß, Schönheit und Frieden alles Seienden ist das Sein.

Maß, Zahl und Gewicht als Ordnungselemente in den Dingen entsprechen in Gott den Eigenschaften: Macht, Weisheit und Güte

In dem Sichvertiefen in diese Gedankenwelt richtete sich der Blick der damaligen Zeit unwillkürlich auf den Schöpfer dieser Ordnung, und sie sprach jedes dieser drei Elemente einer besonderen Eigenschaft im göttlichen Urheber zu. Albert führte diesen Gedanken zum ersten Mal im Zusammenhang aus: *potentia haec facit, sapientia disponit, bonitas ordinat.*[3] Die Macht in Gott schafft die Dinge, schafft das Dasein aus dem Ursprung. Die Weisheit „stellt auseinander"; die Güte fügt im Ordo zusammen.

Bei Bonaventura findet sich eine entsprechende Zuordnung: „Die Dinge sind aufs beste auf ihr Ende hingeordnet durch die heilbringende Ordnung des Alls; denn das All ist gleich einem herrlichen Liede, das in den schönsten Zusammenklängen abläuft, ein Teil folgt dem anderen, bis sie vollendet auf ihr Ziel geordnet sind. Wie daher in der Erschaffung der Dinge die Macht sich offenbart, denn im Vergleich und in Beziehung zum Nicht-Sein zeigt sich die größte Macht, die aus nichts schafft, so zeigt die innere Ordnung des Alls der Dinge die Weisheit und die Ordnung hin auf das Ziel die Güte."[4]

---

3 Creata enim per modum sui esse et mensuram, et per speciem qua in numerum ponuntur cum aliis creaturis, et per pondus sive ordinem quo secundum usum congruunt aliis, influxum habent et operantur ad finem universi, cognoscibiliter demonstrant potentiam auctoris potentis, sapientis et boni: cuius potentia haec facit, sapientia disponit, bonitas ordinat. (Alb. s. th. I. tract. I. qu. 3. mb. 3 art. 4. sol. – Vgl. s. th. II. Tract. XI. qu. 63. mbr. 1. quaest. 2) (Die geschaffenen Dinge erweisen durch die Weise und das Maß ihres Seins, durch ihre besondere Art, durch die sie in zahlenmäßiger Abgrenzung unter die anderen Kreaturen gestellt werden, durch ihr Gewicht bzw. ihre Ordnung, wodurch sie je nachdem mit dem anderen übereinstimmen, Einfluß ausüben und auf den Endzweck des Alls hinwirken, offenbar die Macht eines mächtigen, weisen und guten Urhebers, dessen Macht dies schuf, dessen Weisheit dies so einrichtete, dessen Gutheit es so ordnete.)

4 Optime ordinatae sunt res in finem, salvo ordine universi, quia universum est tanquam pulcherrimum carmen, quod decurrit secundum optimas consonantias, aliis partibus succedentibus aliis, quousque res perfecte ordinentur in finem. Unde sicut in productione rerum manifestatur potentia, sed in comparatione sive in ordine ad non-ens ostenditur summa potentia, creans ex nihilo, sic ordo rerum universi in se ostendit sapientiam, et ordo ad finem bonitatem. (Bonav. I. Sent. dist. 44, art. 1. qu. 3. concl.).

Die von biblischem Denken geprägte Spekulation läßt der göttlichen Macht, Weisheit und Güte das Maß, die Zahl und die Ordnung entsprechen. Thomas bewahrt eine größere ontologische Klarheit. Sie nimmt den Dingen nichts von ihrer erschütternden Wirklichkeit, wenn auch Thomas diese Erschütterung nicht in so überströmenden Worten ausspricht wie Bonaventura. – Ursprung der Ordnung in allen ihren Elementen ist die *sapientia*, weil sie das Vordenken allen Seins im Zeitlosen ist. Immer wieder greift er in der *Summa contra Gentiles* auf das Aristotelische Wort zurück: *sapientis est ordinare.* Im *verbum sapientiae* ist alles Seiende vorhergedacht und ausgesprochen und hat in ihm eine real-ideale Präexistenz. – Auch Güte kennt Thomas im Zusammenhang mit Ordnung; doch fällt bei ihm jedes Anklingen des Ethischen fort. *bonitas* ist jenes ontologische Gut-Sein Gottes, auf das alles Seiende als auf sein letztes Ziel hingeordnet ist und hinstrebt. Sie ist hier nicht ausstrahlendes Prinzip: Güte, sondern zu sich ziehender *finis:* Vollendung.

Einheitlich-systematische Lehre läßt sich begreiflicherweise aus diesen Spekulationen nicht gewinnen. Sie würde auch alle Unmittelbarkeit und Lebendigkeit ersticken. So taucht bei Augustinus stark die *justitia*[5] als ordnungsbegründend auf; bei Thomas an anderer Stelle die *prudentia.*[6]

In diesem Denken war der Grund gelegt für die Tiefe und Lebendigkeit wie für die begriffliche Klarheit des Bewußtseins jenes *ordo,* der als tiefster und universaler Gedanke ein abendländisches Jahrtausend trug.

Schemabild des Begriffs-Ternars

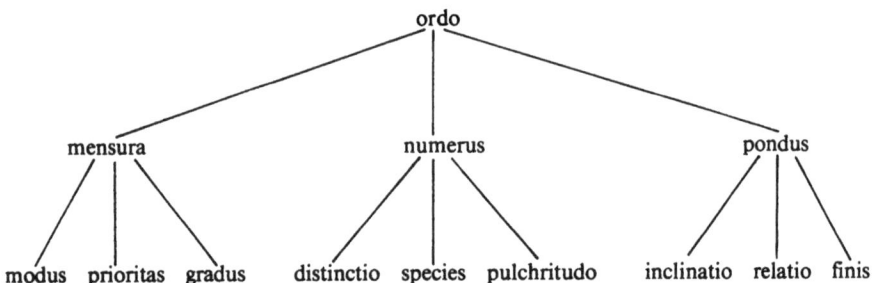

5 Aug. civ. Dei XIX, 13.
6 Th. s. th. I. qu. 22,1. c.

IV. Abschnitt
Das Verhältnis von malum und ordo

11. KAPITEL

Die Verkehrung der Ordnung

Die Fragestellung

Ordnung ist die vollzogene Gerechtigkeit in der Welt. Sie ist Übereinstimmung zwischen der Wirklichkeit eines Seienden und dem, was es seiner Natur nach sein sollte; herrschte in jedem Seienden diese gerechte Übereinstimmung, so wäre das All in unfaßbarer Lebendigkeit und Bewegtheit, in Schönheit und Frieden vollendet.

Die Erfahrung lehrt uns, daß in der Welt Gerechtigkeit nicht in dem Maße vollzogen ist, daß die Ordnung vollendet wäre; wir erfahren, daß nur selten ein Ding, ein Wesen, ein Mensch die Höhe seines Seins erreicht, die zu erreichen ihm in seinem Innersten aufgegeben war. Statt Lebendigkeit Stumpfheit und Unfruchtbarkeit, statt Bewegtheit die Trägheit, statt der Schönheit des Edlen die Häßlichkeit des Bösen, statt des Friedens die Entzweiung.

Jene Un-gerechtigkeit (im ontologischen, nicht im ethischen Sinne), jene Diskrepanz zwischen dem, was natürlich wäre und dem, was ist, ist das Übel *(malum)*.

Wenn der Ordo-Gedanke aufrecht erhalten werden sollte, zugleich aber das *malum* als unaussetzbar erfahrbare Tatsache sich aufdrängte, so war die Frage nach dem Verhältnis von *ordo* und *malum* nicht nur eine für den suchenden Geist drängende, sondern rührte an einen inneren Nerv: das ganze Weltbild konnte hier ins Wanken geraten und mit ihm die Menschen; oder eher umgekehrt: hier konnte der Mensch sich im unentwirrbaren Rätsel dieser Welt verstricken und mit sich die ganze Welt in den Niedersturz geraten lassen. Wenn wir nun in dieser bedrohenden Frage die Antwort hören, die etwa Thomas in seinen verschiedenen Werken gibt, so berührt diese Antwort nur von außen; d.h. wir bekommen eine philosophische Erklärung des Übels; doch diese Erklärung reicht nicht heilend an jenen Nerv, dessen Verwundung Mensch und Welt verderblich werden könnte. Wir müssen feststellen, daß in dieser Frage jene Zeit und auch Thomas selbst noch aus einem anderen Ursprung gelebt haben müssen als aus dieser philosophischen Erklärung des Übels.

Bei Augustinus bewegt sich das Fragen nach dem *malum* in einer größeren Ursprünglichkeit. Von dem geradezu leidenschaftlichen Dialog, den Augustinus in *De Ordine* mit seinen Freunden, dem Dichter Licentius und dem Historiker Trygetius, und mit seiner Mutter führt, wird noch gesprochen.

perversio – corruptio (Augustin)

Wenn wir im Zusammenhang mit *ordo* nach dem *malum* fragen, so suchen wir vorerst jenes *malum*, das dem *ordo* entgegengesetzt ist. Jenes Übel, das dem Gut der Ordnung widerstreitet und es aufhebt, ihm konträr entgegengesetzt ist, ist nach Augustin die *perversio*, die Verkehrung. *perversio contraria est ordinationi* (Verkehrung ist das Gegenteil zu Ordnung).[1] Was ist mit dieser Verkehrung gemeint? Die Unordnung der Verkehrung will besagen, daß ein Seiendes anstatt zu der Fülle seines Seins zu tendieren (welches die Ordnung wäre), zum Nicht-Sein strebt; es verdirbt in seinem Sein. Verkehrung und Verderbtheit sind das gleiche. Das Merkmal der Verderbtheit ist die Tendenz zum Nicht-Sein.[2] Mit diesem Nicht-Sein ist nicht zuerst ein absolutes Nicht-Dasein gemeint, sondern ein Abgehen von dem naturgemäßen Sein. „Alles weicht durch Verderbnis von dem ab, was es war."[3] Die *corruptio* ist ein Abweichen von dem Wesen, von dem diesem Seienden Naturgemäßen.[4] Weil jedem Seienden aber nur eine Form gemäß ist, gibt es nicht eine gute und eine schlechte Ordnung. Wenn ein Ding „in Ordnung" ist, dann hat es alles oder strebt nach allem, was es sich schuldet; hat es dies oder auch das Streben dazu nicht, so ist es in Unordnung. Diese Unordnung besteht entweder in einem „zu wenig" oder aber in dem Besitz von etwas Unangemessenem, „Art-fremdem" *(aliena)*. Schlechte Ordnung ist also Unordnung, weil weniger ist, als sein sollte, oder etwas so ist, wie es so nicht sein sollte.[5] Augustinus sieht die Frage nach dem Chaos in ungemeiner Lebendigkeit: Wenn immerfort von Verderbtheit *(corruptio)* oder gar Verkehrtheit *(perversitas)* des Seins gesprochen wird, so glaubt man, daß da den Dingen selbst eine Lebendigkeit innewohne, die sie befähigt, sich selbst aus der Ordnung herauszuheben; man spürt darin die Möglichkeit eines Abfalls des Seins von sich selbst.

confusio (Thomas)

Thomas stellt die Frage nach dem Gegensatz von Ordnung nicht mehr in dem ursprünglichen Sinn. Der *ordo* ist ewig; und auch der größte Abfall von der Ordnung steht noch in der Ordnung. *inordinatio* nennt er (wie auch Albert) meist *confusio*. Wo eine Vielheit ohne Ordnung ist, da ist Verwirrung, Vermischung.[6] Wenn auch *confusio* in seiner ursprünglichen Wortbedeutung ein gestaltloses Zusammengegossen- und Vermengtsein bedeutet und andererseits auch nach Thomas eigener Deutung im Psalmenkommen-

---

1 Aug. de mor. manich. II. cap. 6.
2 Quare ordinatio esse cogit, inordinatio vero non esse; quae perversio etiam nominatur atque corruptio. Quidquid igitur corrumpitur, eo tendit ut non sit. (ibid.)
3 Deficiunt omnia per corruptionem ab eo quod erant. (ibid.)
4 Quod mutatur ... pervertebatur in pejus, id est ab essentia deficiebat. (ibid.)
5 Malus ergo modus, vel mala species, vel malus ordo, aut ideo dicuntur, quia minora sunt quam esse debuerunt, aut quia non his rebus accommodantur quibus accommodanda sunt; et ideo dicantur mala, quia sunt aliena et incongrua ... Similiter et ordo tunc malus dicitur, cum minus ipse ordo servatur: unde non ibi ordo, sed potius inordinatio mala est, cum aut minus ordinatum est quam debuit, aut non sicut debuit. (Aug. de nat. bon. XXIII.
6 Ubicumque est pluralitas sine ordine, ibi est confusio. (1, d 20 I. 3, contra 5)
Confusio est in universo quantum ad ordinem primo modo dictum, qui est particularis et secundum quid. (Alb. II. s. th. qu. 63. mb. 1.)

tar *confusio* der ewigen Verdammtheit anhaftet, also mit äußerster Gottferne als dem Schicksal der Übeltäter in Verbindung gebracht ist[7], so fehlt doch hier das Moment des Sich-Abwendens als Akt selbst, der bei Augustinus im Vordergrund steht. *perversitas* ist das bewußte ,,Sich-Fortwenden", *corruptio* der vollendete Abfall. *confusio* ist ordnungsimmanenter Gegensatz zu Ordnung.

In dieser ontologischen Fassung scheint bei Thomas antiker Einfluß wirksam zu sein. Für Plato ist das Chaos nach der Lehre des *Timaios* die gestaltlose Materie vor ihrer künstlerischen Formung durch den Weltbildner; diese chaotische Materie ist ohne Anfang. – Aristoteles nennt es das *apeiron.* So ist dem Griechen das Unendliche das Chaotische, das Böse selbst. Das Begrenzte und Geformte ist Ausdruck des Guten. – Dieses Chaos kennt die spätere Philosophie nicht mehr. Jetzt ist Chaos nicht mehr ein unbegrenzt-gestaltlos-stoffliches Sein, sondern das Herausfallen aus dem wesensgemäßen Sein; ein Verlassen der Seins-Fülle, Abwendung von dem *ordo.* Das Chaos, wenn es vollendet wäre, hätte alles Sein verlassen, wäre Nicht-Sein.

---

7 In Ps. 24. prin. – In Ps. 39. fin.

12. KAPITEL
Die Lehre vom Übel

Das Sein des *malum*

Um die Frage beantworten zu können, wie in der Ordnung, die alles Sein umfaßt, Verkehrung der Ordnung bestehen kann, muß man die Frage nach dem Sein und Ursprung des Übels überhaupt stellen; dieses soll in Kürze dargestellt werden.

Die Lehre vom Übel bei Thomas läßt sich in zwei Thesen zusammenfassen: 1. Das Übel ist nicht ein Sein, sondern der Seinsmangel an einem Seienden. 2. Darum gibt es kein absolutes Übel als Prinzip und Urgrund allen Übels; es gibt kein *summum malum*.

Erstens: „Übel nennt man eine verderbte Natur, denn unverderbt ist sie, soweit sie gut ist. Aber auch die verderbte Natur ist als Natur gut; als verderbte schlecht."[1]

In diesem Satz ist die ganze Lehre zusammengefaßt, die Thomas später systematisch im einzelnen mehrmals darlegt. Diese Darlegungen gliedern sich in folgende Sätze: Das Übel ist keine Natur, d.h. kein Seiendes aus Form und Materie; das Übel haftet einer Natur an, deren ontologisches Gut-Sein vom Übel unberührt bleibt. Das Übel besteht in der Verderbtheit der Natur, d.h. einem Seinsmangel, den diese gegenüber dem ihr angemessenen Sein aufweist.

Das Schlechte hat kein positives Sein, ist kein Seiendes[2]; „unter dem Namen des Schlechten wird eine Abwesenheit von Gut bezeichnet".[3] Träger eines Übels ist daher immer ein Gut.[4] An diesem Gut stellt es eine *privatio* dar. Da es selbst keine Wesenheit ist, existiert es in ihm *sicut in subjecto*.[5] Jedoch ist diese Beraubung nicht im Sinne der Verneinung zu verstehen: dieses Ding ist schlecht, weil es nicht alle oder nicht diese Vollkommenheit hat; so gäbe es kein endliches Sein, das nicht schlecht wäre, und das Übel als Verneinung benötigte keinen Träger[6]. Das Wesen des *malum* besteht vielmehr darin, daß ein Seiendes vom „Gut" abweicht.[7] Das Gut aber ist, was geschuldet ist *(debitum)*[8], d.h. was ein Seiendes sich

---

1 Mala itaque natura dicitur, quae corrupta est; nam incorrupta utique bona est. Sed etiam ipsa corrupta, inquantum natura est, bona est; inquantum corrupta est, mala est. (Aug. de nat. bon. IV)

2 Cg. III. 7,8,9. – 2, d 34 I. 2. – Th. s. th. I. qu. 48, 1.

3 Nomine mali significetur quaedam absentia boni. (Th. s. th. I. qu. 48,1.) – Malum nihil aliud est nisi bonum imperfectum. (2, d 34 I. 1)

4 Cg. III. 11.

5 Cg. III. 11. – 1954.

6 Th. s. th. I. qu. 48 art. 3 ad 2. – art. 2 ad 1.

7 In hoc consistit ratio mali, ut scilicet aliquid deficiat a bono (Th. s. th. I. qu. 48,2 c.) – Cg. III. 11.

8 Malum est defectus boni quod natum est et debet haberi. (Das Schlechte ist nämlich der Abfall von einem Guten, das von Hause aus dazu da ist und von dem es sich gehört, daß man es hat.) Th. s. th. I. qu. 49, 1. c. – Cg. III. 13. – 1967.

auf Grund des in seiner Natur angelegten Seins schuldet. Übel ist also nichts anderes als ein *bonum imperfectum.*[9]

Als solches hat *malum* also keine Existenz im Sinne der Wesenheit eines Dinges, oder eines Seins im Sinne der Aristotelischen Kategorien, sondern unsere Aussage: das Übel ist, meint ein Sein im Sinne einer wahren Aussage; diese sagt aber nur etwas darüber aus, ob etwas ist *(quaestio an est)*, und noch nichts darüber aus, was etwas ist *(quaestio quid est)*. Wenn wir also sagen: das Übel ist, so heißt das nicht, das Übel ist ein naturwirklich Seiendes, sondern Übel existiert irgendwie.[10]

Frage nach dem *summum malum*

Daraus ergibt sich, daß einmal das Gut nie ganz vom Übel aufgezehrt wird.[11] Zwar kann die Blindheit die ganze Sehkraft nehmen, aber der Träger des Übels bleibt das gleiche Gut und wird auch nicht vermindert; *remaneat bonum, quod est mali subjectum*[12]. Vermindert in ihrem Gut – nicht im quantitativen, sondern im qualitativen Sinne – wird die Fähigkeit des Trägers für eine Vollkommenheit.[13] Wenn also auch Verderbtheit, Verkehrung und Wirrnis über die Ordnung kommen, so „wird durch solche Unordnung die Ordnung der Natur nicht restlos verkehrt; denn die Herrschaft der Toren wäre haltlos, wenn sie nicht durch den Rat der Weisen gefestigt würde".[14]

Zweitens: Daraus, daß das Übel das Gut nie restlos verzehrt, folgt, daß es kein absolutes Übel gibt.[15] Es bleibt bei jedem Übel der Träger, der als Sein gut ist. Steigert man die Mangelhaftigkeit eines Dings immer weiter, so wird man nie zu einem neuen Sein kommen; käme man dazu, so wäre das Übel eben nicht Übel, sondern ein Gut, welches sich in dem neuen Sein darstellen würde. Das Übel kommt aber nicht zu einem solchen Sein, sondern die Mangelhaftigkeit eines Seins gesteigert ergibt die immer fortschreitende Seinsauflösung und -verminderung; bis ins Unendliche hineingedacht, erreicht diese den Grenzbegriff des Nichts-Seins.[16]

Nach de pot. III.6. ist aus drei Gründen ein zweites Seinsprinzip abzulehnen: 1. Gut und Böse als absolute Gegensätze müßten zum mindesten in ihrem „Bestandhaben" ein Gemeinsames haben; dieses Bestandhaben wäre ein Gut; also hat das Übel nicht Bestand im Sinne eines

---

9 2, d 34 I. 1.
10 2, d 34 I. – Th. s. th. I. qu. 48, 2 ad 2. – de malo I. 1. ad 19.
11 Malum non potest totaliter consumere bonum. (Th. s. th. I. qu. 48,4) – Cg. III. 12. – Utrum malum possit corrumpere bonum totum. (2,d I. 34, 5)
12 Cg. III. 12. – 1962.
13 Th. s. th. I. qu. 48,4.
14 Sed neque per huiusmodi inordinationem totaliter naturalis ordo pervertitur; nam stultorum dominium infirmum est, nisi sapientium consilio roboretur. (Cg. III. 81. – 2570)
15 Th. s. th. I. qu. 49,3. – Cg. III. 15.
16 Nihil est summe malum. (Cg. III. 15. – 1977)

Gegensatzes.[17] 2. „Zwei Entgegengesetzte werden an sich für gleichwertig erachtet; doch hier muß immer mit dem Sein des einen der zwei Gegensätzlichen die Beraubung des anderen verbunden sein. Darum ist das eine vollkommen; das andere unvollkommen."[18] Ein Unvollkommenes kann aber nicht ein Absolutes sein. 3. Dinge in sich oder in einem Teil der Ordnung betrachtet, mögen so gegeneinander stehen wie zwei absolut Unvereinbare und gleich Vollkommene. Im Ganzen der Ordnung gesehen erscheinen sie anders. (Das Lamm könnte den Wolf als das absolut Böse ansehen; wir erkennen, daß Lamm und Wolf keine absoluten Prinzipien sind.) Sie erscheinen in der, zwar relativen, Einheit der Ordnung. Diese eine Ordnung stammt von dem einen Ordner.[19]

Frage nach der Ursache des *malum*

Wenn das Übel reiner Mangel ist und insofern das „summum malum" ein Nichts ist, so ist nun von neuem die Frage nach dem Ursprung und der Ursache von Übel zu stellen.

Könnte das Seiende in der Welt niemals versagen, so wäre es vollkommen. Das aber ist nur Gott. Die Dinge der Welt können versagen, woraus folgt, daß sie auch gelegentlich versagen.[20] Das Gutsein der Welt besteht in der vollständigen Reihe der mehr oder weniger versagenden Dinge („damit die Stufenreihe der Gutheit vollständig werde").[21] Um dieses endlichen *bonum perfectum* willen läßt Gott das Übel zu. Darum schließt auch die *providentia* weder das Übel, noch den Zufall[22], noch die Unordnung[23] aus. „Da Gott also der Allvorhersehende des Seins ist, so gehört es auch zu seiner Vorsehung, daß er bestimmte Mängel an irgendwelchen besonderen Dingen zuläßt, um nicht das vollkommene Gut des Ganzen zu gefährden.

---

17 Omnia autem contraria et diversa quae sunt in mundo inveniuntur communicare in aliquo uno; vel in natura speciei, vel in natura generis, vel saltem in ratione essendi; unde oportet quod omnium istorum sit unum principium quod est omnibus causa essendi. Esse autem inquantum huiusmodi bonum est. (Bei allen verschiedenen und gegensätzlichen Dingen in der Welt findet man, daß sie irgendetwas gemeinsam haben, sei es das Wesen der Art oder der Gattung oder wenigstens den Begriff des Seins. Darum müssen sie alle einen Ursprung haben, der Seinsursache aller ist; Sein in diesem Sinne aber ist gut.) de pot. III. 6.

18 Utrumque contrariorum aequaliter judicabant (antiqui philosophi); cum tamen oporteat semperduorum contrariorum unum esse cum privatione alterius: et propter hoc unum est perfectum, et aliud imperfectum. (ibid.)

19 Oportet ergo omnia ista diversa in aliquod unum primum principium reducere a quo in unum ordinantur. (Das Verschiedene muß auf ein erstes Prinzip zurückgeführt werden, von dem es zur Einheit geordnet wird.) ibid.

20 Th. s. th. I. qu. 48,2. – Cg. III. 71.

21 Ut omnes bonitatis gradus impleantur. (Th. s. th. I. qu. 48,2)

22 Cg. III. 71.

23 Cg. III. 81.

Wenn man alles Böse verhinderte, fehlte viel Gutes in der Welt."[24] Doch ist mit der Auskunft, warum das Übel nicht verhindert wird, noch nichts über die Ursache gesagt.

Das Übel haftet als Mangel einem Seienden an; das Übel ist also kein absolutes Seiendes. Ist es das nicht, so muß es verursacht sein; vor allem tritt dieses Verursachtsein dann klar hervor, wenn das Übel zuerst nur der Möglichkeit nach einem Ding anhaftet, dann aber, durch ein Ereignis verursacht, aktuell wird.[25]

Da das Übel reiner Mangel ist, also nie „ist" im Sinne von „wirkend sein" *(ens actu)*, kann es selbst nicht Ursache sein, es sei denn *per accidens*.[26] Bleibt, daß das Gut Ursache des Übels ist.[27] Aber wie? Denn der Form nach besagt Übel doch gerade „Formausfall" *(privatio formae)*; und ebenso der Hinordnung nach einen Ausfall an Hinordnung *(privatio ordinis)*. Da das Schlechte aber am Guten ist als an seinem Träger, ist das Gute ohne Zweifel die Stoffursache des Übels; fiele diese Stoffursache aus, so gäbe es auch kein Übel. Bewirkt wird das Übel aber nicht durch eine Ursache, die sich wesensgemäß *(per se)* auf das Übel richtet. Das Gut der Gerechtigkeit bewirkt das Übel der Strafe, die Heilung den Schmerz. Das Feuer ist *per se* Brand, Wärme, Flamme; beiläufig *(per accidens)*, allerdings notwendig, wirkt es zerstörend.[28] Dem Guten, als Ursache des Übels, ist also nicht wesensnotwendig, Böses zu verursachen, sondern es verursacht beiläufig.

Bei der Zerstörung wie bei Schmerz, Strafe u.a. handelt es sich meist um einen Mangel, der im Sein des Dinges liegt. Bei dem moralischen Übel ist es meist nicht ein Mangel im Sein, im formalen Sinne *(privatio formae)*, obwohl rein negative Fehler wie Trägheit, Oberflächlichkeit, Nachlässigkeit u.a. Mängel der Form sind. Vielmehr handelt es sich um einen Mangel in der Hinordnung. Das Handeln als solches ist gut; die Richtung ist aber nicht die der Art dieses Handelns entsprechende, sie ist daher verfehlt.

Frage, ob Gott der Urheber des *malum* ist

Da die Ursache des Übels das Gute ist, geht die Frage weiter dahin, ob dann Gott, als das absolute Gut, der Urheber des Übels ist. Diese Frage erfährt bei Thomas und Augustin erst nach einer Unterscheidung eine Antwort. Schon oben wurde gesagt, daß die Welt, wenn sie ohne jedes Übel wäre, vollkommen, d.h. Gott gleich oder Gott selbst wäre. Da dies aber nicht zutrifft, sondern alles welthafte Sein begrenzt ist, besteht die von Gott

---

24 Cum Deus sit universalis provisor totius entis, ad ipsius providentiam pertinet, ut permittat quosdam defectus esse in aliquibus particularibus rebus, ne impediatur bonum universi perfectum. Si enim omnia mala impedirentur, multa bona deessent universo. (Th. s. th. I. qu. 22,2 ad 2)
25 Cg. III. 13.
26 Th. s. th. I. qu. 49,3 c. – Cg. III. 14.
27 Cg. III. 10. – 2,d 34 I. 3, – Th. s. th. I. qu. 49,1.
28 Th. s. th. ibid.

gesetzte Ordnung, in der auch Verderbnis und Unvollkommenheit ist. Die Ordnung der Welt erfordert das Versagen und die Unvollkommenheit[29]; „und so verursacht Gott dadurch, daß er in den Dingen das Gute der Ordnung des Weltalls wirkt, folgerichtig und gleichsam beiläufig die Zerstörung der Dinge".[30] Das gilt sowohl im Bereich der Naturdinge wie auch im Bereich der willentlichen Handlungen.[31]

Die *corruptio rerum* hat also ihre Ursache im Absoluten; jedoch nicht die fehlerhafte Tätigkeit *(defectus actionis)*, die aus dieser *corruptio* folgt. Wenn der Mensch mit Willensfreiheit begabt ist, so ist das eine Vollkommenheit, in der die Möglichkeit des Versagens eingeschlossen liegt. Richtet sich der Wille auf ein nicht angemessenes Sein, so liegt der Grund für diesen *defectus actionis* in einem *defectus agentis* und nicht in Gott.[32]

Der verschiedenartige Aspekt beim Hinblick auf den Teil und auf das Ganze

Die *corruptio rerum* und der aus ihr folgende *defectus* ist also (nach Thomas) eine metaphysische Notwendigkeit. Als solche ist das Böse nicht eine absolute Macht, wohl „stets verneinend", doch nicht im eigentlichen Sinne „Kraft". Darum steht es auch nicht als „Existierendes" neben der Ordnung, wenn auch gegen sie. Im Gegenteil: die Übel, im Besonderen zerstörend wirkend, sind Mehrer des Guten, wenn man auf das Ganze sieht.[33] „Immer aber gleitet das, was aufs erste gegen die Ordnung ist und aus ihr herauszutreten scheint, notwendig wieder in die Ordnung zurück."[34] Das Gut wird gerade im Vergleich zum Übel besser erkannt.[35] Ja, das Übel beweist Gott: „si malum est, Deus est", denn wie könnte eine Ordnung, welche auch die Übel einschließt, geworden sein, wenn Gott nicht wäre?[36]

Zusammenfassung

Thomas faßt seine Lehre über das Übel zusammen[37]: Das Übel ist ein Nicht-sein *(non-ens)*; es ist weggenommenes Sein und Wegnahme selbst *(ens*

---

29 Th. s. th. I. qu. 48,2 ad 3 – 49,2.
30 Et sic Deus, in rebus causando bonum ordinis universi, ex consequenti, et quasi per accidens causat corruptiones rerum. (Th. s. th. I. qu. 49,2)
31 ... et hoc patet in naturalibus quam in voluntariis. (ibid.)
32 Th. s. th. I. qu. 49,2 ad 2. – Alb. s. th. I. qu. 55. mb. 1. ad 2.
33 Ad prudentem gubernatorem pertinet negligere aliquem defectum bonitatis in parte, ut fiat augmentum bonitatis in toto. (Cg. III. 71. – 2473)
34 Cum Deus sit prima causa universalis non unius generis tantum, sed universaliter totius entis, impossibile est, quod aliquid contingat praeter ordinem divine gubernationis; ex hoc ipso quod aliquid ex una parte videtur exire ab una parte ordine divinae providentiae, consideratur secundum aliquam particularem causam, necesse est quod in eundem ordinem relabatur secundum aliam causam. (Th. s. th. I. qu. 103,7 c)
35 Cg. III. 71, 7. – 2473.
36 Cg. III. 71,8. – 2474. – Alb. s. th. II. qu. 63. mb. 1. ad 2.
37 Oportet igitur malum esse aliquid, inquantum est non – ens: hoc autem est ens privatum, malum igitur inquantum huiusmodi est ens privatum, et ipsum malum est ipsa privatio. Privatio autem non habet causam per se agentem, quia omne agens

privatum, ipsa privatio). Die Ursache, von der es bewirkt wird, richtet sich nicht primär und ausschließlich auf es, sondern richtet sich *per se* auf ein Gut und verursacht das Übel nur beiläufig *(non causa per se; incidit per accidens).* Daher gibt es kein erstes absolutes Prinzip des Bösen, sondern es folgt beiläufig aus den Wirkungen des ersten guten Prinzips.

Kritische Bemerkung zur Frage nach der Positivität des Übels

Die Lehre vom *malum* bei Thomas von Aquin, so wie wir sie in großen Zügen überschaut haben, bleibt unbefriedigend. Sie gibt wohl Erklärungen, die großartig und kühn sind, aber keine letzte Antwort. In dieser Auflösung alles Bösen in das Gute scheint fast zu viel erklärt; wenigstens uns Heutigen. Man kann nicht erfahren, ob das Übel im Grunde ernst genommen ist; dabei bleibt unklar, ob dieser Optimismus aus dieser denkerisch sauberen Erklärungsweise folgte oder ob ein weltanschaulicher Optimismus eine solche Erklärungsweise aufdrängte. Thomas übernahm diese Lehre fast im ganzen von Augustinus; und mit der Lehre übernahm er auch teilweise die Form der Darstellung. Diese aber war bei Augustinus wesentlich bestimmt durch seine persönliche, ihn tief erschütternde Auseinandersetzung mit dem Manichäismus.[38] Aus ihr und der historischen Situation folgte die apologetische Tendenz seiner Darstellung. Da Thomas beides stark in seine systematischen Ausführungen mit hereingenommen hat, sind sie in einer rein negativen Erklärung des Übels nur schwer verständlich.

Allerdings bleibt auch bei Thomas, wenn es auch nirgends ausgesprochen, geschweige denn hervorgehoben wird, ein Positives; auch schon im Bereiche der Naturdinge. Denn das Seiende, das den Mangel trägt, erscheint nicht mehr als ein zwar fehlerhaftes Gutes, sondern eben um des Mangels willen als ein Schlechtes. Ein schlechter Vater ist nicht nur ein „dem Sein nach guter Vater", der aber Träger einiger Mängel ist, sondern er ist ein schlechter Vater, d.h. er behauptet zwar seine Stelle, hat aber sein Vatersein verfehlt. Nun verkehrt sich das ganze Verhältnis: die Stelle, die vorher ein Gut (guter Vater) behauptete, ist nun nicht nur leer, sondern wird nun von einem Bösen eingenommen und mit der gleichen Macht behauptet wie vorher von dem Gut. Dadurch, daß das Böse die Macht des Guten nicht nur verdrängt, sondern sich selbst behauptend an seine Stelle setzt, erfahren wir das Böse in doppelter Mächtigkeit. Im Grunde ist das Übel Mangel, aber es eignet sich das positive Sein seines Trägers an; und so autonom und

---

agit inquantum habet formam; et sic oportet per se effectum agentis esse habens formam, cum agens agat sibi simile, nisi per accidens. Relinquitur igitur quod malum non habet causam per se agentem, sed incidit per accidens in effectibus causarum per se agentium. Non est igitur unum primum et per se malorum principium: sed primum omnium principium est unum primum bonum, in cuius effectibus consequitur malum per accidens. (Cg. II. 41. – 1176/77)

38 Vgl. R. Guardini, Die Bekehrung des heiligen Aurelius Augustinus, Leipzig 1935, S. 153 ff. u.a.

mächtig der Träger ist, dem seiner Natur nach das Gut eignen sollte, so autonom und mächtig erfahren wir das Böse.[39]

Aber auch hier ergibt sich, daß es ein absolut Böses nicht geben kann; der Träger des absolut Bösen könnte nur das absolute Wesen sein; es widerspricht aber dem Begriff dieses Wesens, es zum Träger von Mängeln zu machen.

Ebenso klar tritt die Positivität bei Handlungen hervor. Der Mangel liegt hier in der unangemessenen Zielrichtung. Das Handeln selbst ist positiv; und nichts steht im Wege, daß eine Handlung auf ein verfehltes Ziel auch energischer, machtvoller sein kann als eine sittliche gute Tat. Dieser Posivität kann nichts genommen werden. – Das Streben auf das verfehlte Ziel, welches eigentlich hier das Böse darstellt, eignet sich diese Positivität an. Böse ist, daß das Ziel nicht das ist, was diesem Handeln seinem Wesen nach vorstehen sollte; so wenn der Haß auf ein Gut geht oder das Mißtrauen auf die Wahrheit. Sowohl Haß wie Mißtrauen sind positive und gute Kräfte im Menschen; das Wesen dieser Kräfte ist ein Streben; dieses naturgemäße Streben von Haß geht auf das Böse; das von Mißtrauen auf die Unwahrheit und Unwahrhaftigkeit. – Eignet sich nun das Streben auf eine Wahrheit das Mißtrauen oder das Streben auf ein Gut den Haß an, so liegt das eigentliche Übel in dem Mangel an Ordnung. Doch dadurch werden nun Haß und Mißtrauen selbst böse; das Übel tritt uns entgegen mit der ganzen Stärke eines Hasses und der ganzen Beharrlichkeit und Unausrottbarkeit eines Mißtrauens.

---

39 „Aber durch jene Mängel sind auch die Dinge schlecht – die einen physisch, die anderen moralisch. Das malum als Schlechtheit ist freilich Mangel, das malum als Schlechtes und Böses ist eine sehr positive Macht." J. Mausbach, Die Ethik des hl. Augustinus, 2 Bde. Freiburg (1909) ²1929, Bd. I. S. 109.

13. KAPITEL
Das Verhältnis von Ordnung und Übel

Die augustinische Darstellung

Augustinus hatte diese Positivität sehr wohl erfahren; und darum ist seine Frage, wie dieses Übel mit der Ordnung vereinbar sei, leidenschaftlicher und ursprünglicher gestellt als bei Thomas. Um dieses fühlbar zu machen, müssen wir ihn selbst sprechen lassen. Würden wir ihn in Lehrsätzen zusammenfassen, so würden wir ihn verfälschen; denn Augustinus bietet kein System, sondern seine Schriften sind Aufzeichnungen von Erfahrungen und Begegnungen.

Die hier in Übersetzung gebotenen Stücke sind aus der Frühschrift *De Ordine,* einem Dialog ganz nach dem Vorbild der Platonischen Dialoge.[1]

Augustinus erfährt die Ordnung zuerst an den ganz einfachen Dingen: am Fließen des Wassers und am Fall der Blätter im Herbst. Obwohl gerade das Fließen des Wassers und der wirbelnde Blätterfall einem wie willkürlich erscheinen können, erkennt er gerade hier, wie alles seine Ursache hat, zwar oft ganz verborgen, aber ausnahmslos.

Die Frage der Ordnung im Ursachzusammenhang

„Ich sprach: ‚Antworte mir[2]: Woher glaubst du, daß dies Wasser nicht zufällig, sondern durch Ordnung dahinfließt? Weil es dadurch in die Ordnung bezogen werden kann, daß es in hölzernen Rinnen dahingleitet und geführt wird, bis wir es benutzen. Durch die Menschen, die ihren Verstand gebrauchten, wurde es möglich, daß sie durch diese eine Leitung zugleich Wasser zum Trinken und zum Waschen haben; dann durch die günstigen örtlichen Umstände. Durch was für eine Ordnung der Dinge aber, glauben wir wohl, geschieht das Fallen der Blätter so wunderbar? Geschieht es nicht eher im Zufall?'

‚Es kann schon jemandem so vorkommen, sagte Licencius, daß sie anders, als sie gefallen sind, hätten fallen können oder müssen; durch ganz ernsthaftes Nachdenken erkennt man aber, daß nichts ohne Ursache geschehen kann. – Was kümmere ich mich darum, wie die Bäume stehen, über die Lage der Äste oder um die Schwere, wieviel die Natur in die Blätter gelegt hat? Was geht es mich an, den Wind zu erforschen? Seine Stärke, durch welche die Blätter aufwirbeln, seine Sanftheit, durch die sie bloß

---

1 Vgl. A. Dyroff, Über Form und Begriffsgehalt der augustinischen Schrift De Ordine. In: Aurelius Augustinus. Die Festschrift der Görres-Gesellschaft zum 1500. Todestag des hl. Augustinus, hg. v. M. Grabmann u. J. Mausbach, Köln 1930. – J. Rief, Der Ordo-Begriff des jungen Augustinus, Paderborn 1962. – K. Flasch, Augustin. Einführung in sein Denken, Stuttgart 1980, S. 92–98.

2 Augustinus spricht hier zu Licentius, einem jungen Dichter, mit dem er gerade das Gespräch führt. „Licentius ist die Lieblingsperson dieses Dialogs. Er ist der Vertreter des *studium poeticae* oder der *ars poetica.*" Vgl. Dyroff, a.a.O. S. 18.

herabfallen? Was mühe ich mich, die Weise des Fallens zu entdecken, die tausendfältig ist, je nach dem Wetter, je nach der Schwere und Gestalt der Blätter und je nach unzähligen anderen verborgenen Ursachen? – Das ist unseren Sinnen verborgen; durch und durch verborgen. Und doch ist das, was eben ganz Frage war, dem Geiste irgendwie – wie, weiß ich nicht – doch nicht verborgen: nichts wird ohne Ursache. – Nun könnte ein gehässiger Ausfrager fortfahren zu forschen: Warum wurden die Bäume gerade dorthin gestellt? Ich werde antworten, daß die Menschen der Fruchtbarkeit der Erde folgten. Wie ist es aber, wenn fruchtbringende Bäume da gar nicht oder nur zufällig gedeihen? Auch hier werde ich antworten, daß wir es nicht tief genug durchschauen. Denn die Natur, die sie gebiert, ist keineswegs zufällig. – Entweder werde ich belehrt, daß irgendetwas ohne Ursache wird oder: glaubt, daß nichts geschieht, es sei denn durch eine sichere Ordnung der Ursachen'."[3]

Diese Aufforderung *credite* weist darauf hin, daß nicht mathematische Gewißsein uns vom *ordo* überzeugt, sondern eine Gewißheit, die zwar gewagter ist, aber tiefer wurzelt: der philosophische Glaube, der allein die ersten Prinzipien annimmt. Trotzdem spielt Augustinus ,,den gehässigen Ausfrager" weiter. Ziel dieses Fragens ist die Feststellung, daß alles von der Ordnung umfaßt wird und es kein der Ordnung entgegengesetztes Prinzip gibt.

Die Frage, ob die Ordnung alles umfaßt

,,,Was hältst du[4] der Ordnung entgegengesetzt?' fragte ich. ,Nichts, entgegnete er, denn wie sollte dem etwas entgegengesetzt sein, das doch alles erfaßt und dem alles innewohnt? Was nämlich wider die Ordnung ist, müßte auch außer der Ordnung sein. Außer der Ordnung scheint mir aber nichts zu sein; daher zwingt uns nichts, ein der Ordnung Entgegengesetztes anzunehmen.' – ,Also, meinte Trygetius[5], ist der Irrtum nicht gegen die Ordnung?' – ,In keiner Weise; denn ich sehe niemanden ohne Grund irren. Die Reihe der Ursachen aber wird von der Ordnung eingeschlossen, und der Irrtum selbst wird nicht nur durch eine Ursache bewirkt, sondern bewirkt auch wieder anderes, dessen Ursache er ist. Deswegen: wo nichts außer der Ordnung ist, kann auch nichts wider die Ordnung sein.'"[6]

ordo und *malum*

Bis hierher ist alles ganz eindeutig. Die eigentliche Auseinandersetzung beginnt nun mit der Frage, ob das *malum* dazu gehöre. Die Ordnung ist aus Gott; ja, Augustinus braucht den Terminus *manat*, sie fließt aus ihm. Wie

---

3 Aug. de ord. I. cap. 4 (11).
4 Gemeint ist wieder Licentius.
5 Trygetius ist ein junger Historiker, ein ,,trockener, nüchterner Empiriker". ,,Dem Historiker ist die Reihe der facta eine Sache der Notwendigkeit". Dyroff, a.a.O. S. 19 f.
6 Aug. de ord. I. cap. 6 (15).

kann dann das *malum* aus der Ordnung entstehen oder auch nur in der Ordnung Bestand haben?

„,O wenn ich sagen könnte, was ich möchte! Ich suche! Wo, wo seid ihr Worte? Kommt doch zu Hilfe. Ja: Gut und Böse sind in der Ordnung. Glaubt, wenn ihr wollt! Denn ich weiß nicht, wie ich es euch erklären soll.' Ich staunte und schwieg. Als aber Trygetius sah, daß Licentius, da seine Erregung ein wenig sich legte, ansprechbar wurde und zum Gespräch zurückkehrte, sagte er: ,Unsinnig scheint mir dein Gerede, Licentius, und reichlich fern von der Wahrheit. Doch will ich versuchen, mich etwas zu gedulden, aber störe du mich nicht mit deinem Geschrei.' – ,Rede, was du willst', entgegnete Licentius, ,ich fürchte nicht, daß du mich von dem abbringst, was ich schon schaue und beinahe fasse.' – Trygetius: ,Ach wenn du doch nicht von der Ordnung, die du verteidigen willst, so abirren und in Gott nicht so viel Nachlässigkeit (um es sanft auszudrücken) hineintragen wolltest. Denn was kann man Frevelhafteres sagen, als daß auch das Böse von der Ordnung umfaßt würde? Denn sicherlich liebt Gott die Ordnung.' – ,Wahrlich liebt er sie', antwortete Licentius, ,aus ihm fließt sie; er ist mit ihr. Und wenn von einem so erhabenen Gegenstand etwas Angemesseneres gesagt werden kann, so denke nach, ich suche mit dir; denn ich allein, der ich dir dieses jetzt erklären will, bin nicht fähig.' – ,Was überlege ich lange', sagte Trygetius, ,ich nehme geradewegs das, was du sagtest; es ist mir genug, um zu urteilen. Du sagtest doch, daß auch die Übel bestimmt in der Ordnung gefaßt seien und eben diese Ordnung ströme aus Gott und würde von ihm geliebt. Daraus folgt, daß auch das Böse vom höchsten Gotte stammt und von ihm geliebt wird.' Diese Folgerung ließ mich um Licentius fürchten. Dieser aber seufzte, weil es ihm schwer fiel, Worte zu finden. Er suchte nicht nach einer Antwort, sondern danach, wie er seine Antwort vortragen sollte. Er sprach: ,Gott liebt nicht das Böse, weil es der Ordnung nicht entsprechend ist, daß Gott auch das Böse liebt. Darum aber liebt er den *ordo,* weil er durch ihn das Böse nicht liebt. Kann denn deswegen das Böse nicht in der Ordnung sein, weil Gott es nicht liebt? Das ist doch gerade die Ordnung der Übel, daß sie von Gott nicht geliebt werden. Hältst du etwa die Ordnung der Dinge für gering, weil Gott das Gute liebt und das Böse nicht liebt? So ist also das Böse, das Gott nicht liebt, nicht außer der Ordnung, und diese Ordnung liebt er. Dies nämlich liebt er: das Gute zu lieben und das Böse nicht zu lieben. Das ist nur einer großen Ordnung und einem göttlichen Tun eigen.'"[7]

Um das zu erkennen, ist der Blick auf das Ganze nötig; denn in sich ist das Übel zwar ganz ungeordnet, doch im ganzen des Alls wird es von der Ordnung umfaßt.

„Daher kommt es, daß ein Engherziger, der allein das Leben der Toren betrachtet, durch die große Häßlichkeit abgestoßen wird und zum Abfall kommt. Wenn aber einer die Augen seines Geistes erhebt und rundschaut

---

7 Aug. de ord. 1. cap. 6. fin. cap. 7 (17, 18).

und so gleichsam das All durchleuchtet, wird er nichts finden, was nicht geordnet ist und nicht gleichsam seinen Platz bestimmt und umgrenzt hätte."[8]

Doch nach diesem Ruhepunkt verwickelt sich das Gespräch von neuem, bis dann unsere Frage in lib. II, cap. 7 eine Weiterführung dadurch erfährt, daß Augustinus die entscheidende Frage stellt, was denn den Anfang des Übels bewirkt habe. Licentius ist verlegen. Sagt er, daß das Übel in der Ordnung entstanden sei, so stammt es von Gott; anderenfalls gibt es doch etwas außer der Ordnung, was er ja bestritten hatte.

Zuerst will er die Entstehung des Übels und die der Ordnung in den gleichen Zeitpunkt verlegen. Aber einmal ist die Ordnung bei Gott ewig und dann:

„Augustinus: ,Du fällst in das gleiche zurück; das nämlich, was du gar nicht willst, bleibt unerschüttert. Denn sei es, daß die Ordnung bei Gott war oder daß sie zu jener Zeit entstand, wo auch das Übel entstand: das Übel wurde außer der Ordnung geboren. Wenn du aber das zugibst, gestehst du, daß etwas außer der Ordnung geschieht, und das macht deine Gründe kraftlos und hinfällig. – Wenn du es aber nicht zugibst, beginnt es den Anschein zu gewinnen, als ob das Übel durch die Ordnung Gottes geboren sei, und dann gestehst du, daß Gott der Urheber des Übels ist. Abscheulicheres als dieses Sakrileg kann mir nicht begegnen.' Licentius verstand entweder nicht oder er täuschte vor, nicht zu verstehen; und als ich öfters und immer wieder auf ihn eindrang, wußte er nichts zu sagen und hüllte sich in Schweigen." (Hier greift die Mutter in das Gespräch ein.) „Da sprach die Mutter: ,Ich glaube nicht, daß irgendetwas außer der Ordnung Gottes geschehen kann; denn das Böse, das zwar geboren wurde, kann doch gar nicht durch die göttliche Ordnung geboren sein; sondern die Gerechtigkeit läßt nicht zu, daß es ungeordnet sei; sie treibt und führt es in die ihm gebührende Ordnung zurück'."[9]

Mit dieser Lösung begnügt sich Augustinus vorerst. Das Übel ist ein Nicht-Sein und stammt, soweit es nicht in der seinsmäßigen Unvollkommenheit der Welt begründet liegt, aus der Freiheit des Menschen. Dieses Böse aber wird in der Ordnung umfaßt.

„Ich mache das Gute und schaffe die Übel" deutet darum Augustinus so: „Machen meint etwas, was vorher nicht da war"; schaffen oder gründen dagegen bedeutet etwas Vorhandenes zusammenfügen und ordnen; „fügen ist also, etwas ordnen, was vorher wie auch immer war, damit es Höheres und mehr sei".[10] So besteht das All in Ordnung; wir aber können die

---

8 Aug. de ord. II. cap. 4 (11).
9 Aug. de ord. II. cap. 7 (23).
10 *Ego facio bona et creo mala* (Isai. 45,7). Creare namque dicitur condere et ordinare. Itaque in plerisque exemplaribus sic scriptum est: *ego facio bona et condo mala*. Facere enim est, quod omnino non erat; condere autem, ordinare quod utcumque iam erat ut melius magisque sit. (Aug. de mor. manich. II. 7)

Ordnung nicht überschauen, da wir um der Sterblichkeit willen in diese Ordnung selbst eingefügt sind.[11]

ordo und malum bei Thomas

Thomas hebt in dieser Frage nach dem Verhältnis von Ordnung und Übel die ontologische Gefordertheit des Übels aus dem Moment der Vollkommenheit der Welt hervor: Die Vollkommenheit der Welt erfordert die Ungleichheit der Dinge um der Vollständigkeit der Stufenreihe des Guten willen; in diese Reihe gehören aber auch die Versagenden.[12] Zudem gäbe es vieles Gute wie Gerechtigkeit, Geduld u.a. nicht, wenn es nicht bestimmte Übel gäbe.[13] Es gäbe keine Schönheit des Alls mehr, nicht mehr sein ursächliches Durchwirktsein dadurch, daß Vornehmeres in Minderes einfließt; ja, es würde dann dem ganzen Sein jenes innere Streben, das substantiale Wollen zur Erfülltheit fehlen.[14] Darum steht das Schlechte auch nicht als Schlechtes in der Ordnung, sondern nur im Hinblick auf das Gut, an dem es einen Mangel darstellt. „Darum hat das Schlechte nur beiläufig eine Beziehung zur Vollkommenheit des Weltalls und ist nur beiläufig in der Ordnung des Weltalls eingeschlossen, d.h. auf Grund eines mit ihm verbundenen Guten."[15] Also nur im Hinblick auf das Gut, nicht aus sich trägt das Übel zur Vollkommenheit der Welt bei.[16]

ordo und malum bei Bonaventura

Bonaventura eröffnet eine neue Perspektive, jedoch nur durch ein neues Schema, nicht durch neue Erfahrung oder Erkenntnisse.

Es gibt drei Möglichkeiten der Einordnung eines Seienden: 1. *ordinabile susceptivum;* d.h. Seins- oder Wesensordnung eines Seienden; hier ist das Übel beiläufig ordenbar. 2. *ordinabile dispositivum;* d.h. Hin-Ordnung; hier besteht das Übel gerade im Mangel an Hinordnung. 3. *ordinabile ostensivum;* d.h. Offenbarung der Ordnung durch das eigene Geordnetsein; hier offenbart das Übel die Ordnung durch die Statuierung des Gegenteils[17]; denn das Übel ist im Hinblick auf dieses Besondere ganz ungeordnet, nicht aber so im Hinblick auf das Ganze.[18] Um dieser Unordnung im Besonderen willen können die Übel nicht von Gott stammen; um ihrer Ordenbarkeit und Geordnetheit im Ganzen erfahren sie eine Lenkung von Gott. Gott hat das „malum" eben nicht geschaffen, sondern geordnet.[19]

---

11 Aug. civ. Dei XII, 4.
12 Th. s. th. I. qu. 48,2 c.
13 ibid. ad 3.
14 2, d 34. I. 1.
15 Unde malum neque ad perfectionem universi pertinet neque sub ordine universi concluditur, nisi per accidens, id est ratione boni adjuncti. (Th. s. th. I. qu. 48,1 ad 5)
16 1, d 46. I. art. 3.
17 Bonav. I. Sent. dist. 46, art. 1. qu. 5.
18 ibid. ad 1.
19 ... Deum aliud fecisse et ordinasse, ut universum bonum, aliud non fecisse, sed ordinasse, ut malum. (ibid. arg 1)

Schlußbemerkung

Zum Abschluß dieses Abschnittes sei noch eine Bemerkung gestattet: Alles, was über das Übel und seine Einordnung gesagt wurde, trifft etwas Wahres: sowohl die negative Erklärung wie die optimistische Deutung. – Und doch bleibt, auch bei der einleuchtendsten Erklärung, ein Rest, der uns trotz allem unruhig bleiben läßt. Nur Augustinus bemerkt das, und es ist das erste, worauf er uns in seiner Schrift *De Ordine*[20] und später noch öfters[21] aufmerksam macht. Hier haben Erklärungen, vor allem Systematisierungen, ihre Grenzen; wir suchen diese Möglichkeiten bis zu ihren Grenzen hin auszuschöpfen, ja noch die Grenzen hinauszuschieben, und Alberts, wie Thomas', wie Bonaventuras Leistung liegt hier. Doch wird das ganze Lehrgebäude fragwürdig, wenn es nicht die Möglichkeit einer anderen Tiefe als jener Tiefe eröffnet, welche das Denken durchmessen hat.

Tod, Zerstörung, Verbrechen und alles Böse bleiben ein Fremdes, vernichtend Hereingebrochenes, ein Anderes, dessen Grund wir zu fassen versuchen; doch dieser Grund entgleitet uns immer wieder; und gerade dann, wenn wir ihn zu fassen glauben.

Das Böse kommt aus einer Tiefe, deren Grund unserem Blick entschwindet. Ist der Mensch diese Tiefe? Oder Gott?

Hat Thomas dies gemeint, wenn er davon spricht, daß das sittlich Böse aus der Freiheit des Menschen, alles Böse aber *per accidens* von Gott verursacht werde?

---

20 Aug. de ord. I. 1 (2).
21 Aug. de ord. II. 4 (11). – civ. Dei XII, 4.

Schluß

ordinatissime

Die Arbeit versuchte darzustellen, was alles das Mittelalter gedacht hat, wenn das Wort *ordo* als Begriffswort gebraucht wurde. Sie hat sich bewußt nur der begrifflichen Fundierung gewidmet. Diese wiederum hat ihre Wurzeln in der Geschichte des Bewußtseins. In den Begriffen kristallisiert sich ein Bewußtsein; und die dargestellte begriffliche Fundierung des Ordo-Gedankens resultiert aus einem bestimmten Bewußtsein von *ordo*, das jener Epoche eigen gewesen sein muß. (Die Gründe dieses Bewußtseins darzustellen, hätte eine umfangreiche geistesgeschichtliche Analyse erfordert.) Daher erscheint oft gerade dann, wenn die Arbeit wieder einmal ganz in ihrer Mitte ist, ein Symptom des starken und lebendigen Bewußtseins.

Am Ende sollen nun zwei Besonderheiten hervorgehoben werden, welche die Nähe des lebendigen Bewußtseins zu der denkerischen Kristallisation in Begriffen für die damalige Zeit klar bezeugen. Die eine läßt die Intensität, die andere die Modalität des Bewußtseins durchleuchten.

Wenn man die für unseren Gegenstand wichtigen Texte liest, so fällt einem eine sprachliche Eigentümlichkeit auf, die sonst in wissenschaftlichen Darlegungen selten gebräuchlich ist. Es ist der Gebrauch von Superlativen, der, wenn man ihn auch sonst nicht schätzt, hier sinnreich in die Darstellung einfließt; man möchte sagen, daß diese Superlative mit einer gewissen Notwendigkeit gebraucht werden, weil auch in der begrifflichen Darlegung das, was das lebendige Bewußtsein genannt wurde, zu einem sprachlichen Ausdruck drängt.

Wenn wir in den Texten von einem o r d i n a t i s s i m u m oder ähnlichen Superlativen wie *congruentissimum, decentissimum* hören, so ist damit nicht innerhalb der Gattung des Geordneten eine besondere, genau abgegrenzte Art des Höchstgeordneten, des Geordnetsten oder wie man sonst übersetzen wollte, bezeichnet[1]; wo von einem Ding, das *ordinatissimum* ist, gesprochen wird, kann es sich also nicht um eine kategoriale Fixierung handeln. Wäre es das, so wäre es ein merkwürdiger Widerspruch, wenn einmal von einem Ding in einfacher Form, dann im Superlativ gesprochen würde; dies alles ist es aber nicht.

Um diesen Superlativ interpretieren zu können, müssen wir die Zusammenhänge sehen, in denen er uns begegnet: Das, was *ordinatissimum* ist, sind die Dinge. Die Dinge halten in der Allordnung ihren Ort *ordinatissime*.[2] Der Mensch selbst ist in sich ein *ordinatissimus*.[3] Wenn ein Ding dort

---

1 Dieser Superlativ läßt sich im Deutschen nicht so wiedergeben, daß alles das, was *ordinatissimum* ausdrückt, wiedergegeben würde; darum bleibt er in der ursprünglichen Form stehen.

2 ... secundum ordinem ad totum universum, in quo quaelibet res suum locum ordinatissime tenet. (Th. s. th. I. 49,3 c)

3 Aug. de lib. arb. I. 7, 16.

ist und so ist, wo zu sein und wie zu sein für es absolut angemessen ist, dann verläßt es die Ordnung nicht[4]; entsprechender Ort (hier im weitesten Sinne zu nehmen) und entsprechende Seinsweise machen ein Ding zu einem *ordinatissimum.*

Um dieser Allgeordnetheit der Dinge willen wird der *ordo* des Alls zu einem *decentissimus ordo*[5]; d.h. daß in dieser Eigenschaft der Dinge jene obere Grenze der „Wohlgestalt" und „Angemessenheit" (wie man wohl für *decens* sagen könnte) erreicht wird, die für diese Welt möglich ist. Darum ist auch – und das ist der Zusammenhang, in dem dieser Superlativ als Ausdruck der Unmöglichkeit weiterer Steigerung gebraucht wird – diese Welt die beste; denn die Ordnung dieser Welt ist *decentissimus;* „besser" könnte jetzt nur noch eine „andere" Welt sein.

Auch Albert bezeugt: Was im All ist, ist *ordinatissimum;* das Geordnete stammt von einem Weisen durch das Denken dieses Weisen; was also vom allweisen *(sapientissimus)* Gott stammt, ist allgeordnet *(ordinatissimum).*[6] Hier erscheint die gleiche sprachliche Höchststeigerung, in der wir uns dem Wesen Gottes zu nähern suchen, in Anwendung auf ein Sein in der endlichen Welt. Was kann Albert die Berechtigung geben, diese Parallele auszusprechen? Nichts anderes als der Glaube an die wirkliche Immanenz des transzendenten Gottes in der Welt, die sich offenbart in der Ordnung des Alls und jeden Dings.

Ebenso verankert Augustinus den weltimmanenten *ordo,* ihn sprachlich ausdrücklich in der superlativen Form fassend, in der Transzendenz. Dieses *omnia sunt ordinatissima* ist nicht nur da, sondern ist gerechterweise da: Das ist das Ewige Gesetz *(lex aeterna).*[7]

Betrachtet man aus dieser höchsten Perspektive der Transzendenz das Sein, so offenbart sich dieses Höchstmaß der Ordnung und Gerechtigkeit als Einfachheit. Sieht man aber etwas nur unter einem bestimmten Gesichtspunkt *(intelligitur de ordine secundum quid),* so mag es scheinen, im All herrsche nicht Ordnung, sondern Verwirrung *(confusio); simpliciter tamen ordinatissimum est.*[8] Von dieser Sicht aus wird auch das Schwierige und Mühevolle höchst verständlich und höchst leicht[9]; ja, selbst beim Übel „verfehlt Gott es nicht, das Abweichende so zu ordnen, daß es da, wo es ist, (auch dann noch) *congruentissime* sein kann (höchst im Einklang stehen kann), bis es durch geordnete Bewegung wieder dahin zurückläuft, von wo

---

4 Nec tamen excessit ordinem rerum, quandoquidem ibi est et ita est, ubi esse et quomodo esse tales, ordinatissimum est. (Aug. de mus. VI. 14)

5 Universum ... non potest esse melius propter decentissimum ordinem his rebus attributum a Deo, in quo bonum universi consistit. (Th. s. th. I. qu. 25,6 ad 3)

6 Quae a sapientissimo Deo fiunt, ordinatissima sunt. Omnia quae sunt in universo, a sapientissimo Deo fiunt; ergo omnia quae sunt in universo, ordinatissima sunt. (Alb. s. th. II. Tract. XI. qu. 63. mb. 1 contra 3)

7 Aeternae legis notionem, quae impressa nobis est, quantum valio verbis explicem, ea est, qua justum est, ut omnia sint ordinatissima. (Aug. de lib. arb. I. 6,15)

8 Alb. s. th. II. Tract. XI. qu. 63 m. 1.

9 Nihil enim est tam arduum et difficile, quod non Deo adjuvante planissimum atque expeditissimum fiat. (Aug. de lib. arb. I. 6,14)

es abwich".[10] – Kein Wunder, daß dieses höchste Prädikat der höchsten Verheißung und Hoffnung zugeschrieben wird: dem kommenden Gottesreich.[11]

In der Vehemenz, mit der sich hier ein sachlicher Terminus in seinen Superlativ hinein überschlägt, wird auch in den uns nur schwer lebendig werdenden Lehrschriften die Stärke der Überzeugung und die Lebendigkeit des Bewußtseins spürbar.

occultus ordo

Lebte nun dieses Bewußtsein nur in einer kindlich-harmlosen Gläubigkeit oder stand es unter dem Zeichen menschlicher Mühe und Tragik? – Wenn man vor dem Werk eines Thomas, allein in seinem Umfang, oder vor dem irgendeines der vier Großen steht und sich die gewaltige Denkarbeit vorzustellen sucht, die geleistet werden mußte, um das zusammenzubauen, so wird man kaum urteilen können, daß hier naive Gemüter an einer ausreichend harmlosen Idee Gefallen gefunden und diese nun in kritiklos-fröhlicher Gläubigkeit ergriffen hätten.

Noch unmittelbarer wird uns die Art dieses Bewußtseins aus der Frühzeit des Gedankens und den Anfängen seiner Ausformung in der schon zitierten Frühschrift Augustins *De Ordine* bekannt. Es ist bemerkenswert, daß Augustinus je im letzten Abschnitt der beiden Bücher, in die er die Schrift einteilt, – also gerade in den Absätzen, wo man klares Ergebnis zusammengefaßt glaubt – von einem *occultus ordo* spricht, ja am Schluß des ersten Buches sogar von einem *occultissimus ordo*.[12] Die Ordnung der Dinge ist eine verborgene, die sich dem Wissen entzieht;[13] jedoch nicht so, wie der Skepsis etwas verborgen wäre, der alles unenthüllbar und nichts wahr ist. Sondern so: Wir sehen im Herbst ein Blatt fallen; alles ist „in Ordnung": das Blatt fällt, weil es sich vom Ast gelöst hat; wegen des Windes treibt es in dieser Richtung; werden wir nun wissen, wo das Blatt die Erde trifft? Die Physik sagt, theoretisch ja, praktisch nur sehr schwer; denn – so sagt Augustinus – die *causae* sind *obscuriores,* sehr dunkel: „sie sind unseren Sinnen verborgen, durchaus verborgen".[14] Die nächstliegenden Ursachen erkennen wir; doch die tiefer liegenden Ursachen sind nur schwer zu erkennen; während die letzten Ursachen im Dunkel bleiben.

Es ist also so: Wir erkennen hier vor uns eine konkrete Ordnung; dann

---

10 Sed Dei bonitas eo rem perduci non sinit, et omnia deficientia sic ordinat, ut ibi sint ubi congruentissime possint esse, donec ordinatis motibus ad id recurrant unde defecerunt. (Aug. de mor. manich. II. 7)

11 Pax coelestis civitatis, ordinatissima et concordissima societas fruendi Deo et invicem in Deo. (Aug. civ. Dei XIX, 3)

12 ... per occultissimum illum divinumque ordinem. (Aug. de ord. I. cap. 11 (33)) – Nescio quo illo divino ordine occulto tibi in mentem venisse. (ibid. II. cap. 20 (54))

13 ... rerum ordo nescio quis occultus. (ibid. II. cap. 4 (12))

14 Latent ista sensus nostros, penitus latent. (ibid. I. cap. 4 (11))

aber, wenn wir tiefer gehen, gerät der Gegenstand in eine Zone, wo sich etwas wie ein „Dunst" oder „Nebel" *(caligo)* um ihn legt, wo er aus der klaren Sicht in eine Vermischung *(commixtio)* gerät, was auch die „Frommen, Guten und mit einem glänzenden Geist Begabten verwirrt"; bis er schließlich „in ganz unzugänglichen Gründen" *(abditissimae causae)* sich verliert.[15] Es gibt nichts Klareres als Geometrie und Astronomie, und doch ist das, wodurch wir erkennen *(quo numeramus),* ein *occultissimum.*[16] Dazu verliert sich bald die Klarheit in dem völlig undurchdringlichen Dunkel der unendlichen Zahl, überhaupt jeder aktuellen Unendlichkeit.

So entgleitet unserem Denken das Klargeordnete, wo es den Ursprung, die *causae* fassen will; ganz sicher da, wo es den Ursprung fassen will: Das Ewige Gesetz, dessen Inhalt ist: Es ist gerecht, daß alles *ordinatissimum* ist. Die *lex aeterna* selbst ist eine *secretissima,* ganz im Geheimnis stehend.[17]

Hier tut sich der Raum der verborgenen Unendlichkeit auf, in den der Mensch immer wieder wie in gefährliches Neuland vorstößt, um etwas von Gott und sich selbst zu erfahren.

Die Ordnung ist nicht mathematisch durchschaubar; sie löst nicht rational alles Leben und alles Geheimnis auf; sie usurpiert nicht der Ratio Gebiete, die jenseits der Grenzen ihrer Möglichkeit liegen. Und doch holt sie das Geheimnisvollste wie das Schuldigste wie das Herrlichste in sich herein; es ist geborgen als göttliche Gestalt und bleibt doch, was es ist: Geheimnis, Schuld, Herrlichkeit.

---

15 ibid. II. cap. 5 (15).
16 ibid. II. cap. 15 (43).
17 Aug. de lib. arb. I. 13, 39.

Anhang

Zum Begriff der Relation

Der Begriff der Relation wird bei Thomas von Aquin vor allem durch die Unterscheidung verschiedener Arten der Relation erläutert.

1. Die erste und auffälligste Unterscheidung ist die zwischen *relatio realis* und *relatio rationis*. Sie wurde schon ausführlich im 1. Kapitel behandelt und braucht hier nicht wiederholt zu werden. Wichtiger und für die Erkenntnis des Wesens der Relation aufschlußreicher als diese Unterscheidung ist eine andere, die gänzlich von der Frage nach der Naturwirklichkeit der Relation absieht und sie nach ihrer inneren Bauart unterscheidet. Die beiden sich gegenüberstehenden Arten von Extremen bezeichnet Thomas als *relativa secundum esse* (seinsbezogene Extreme, Seinsbeziehungen) und *relativa secundum dici* (aussagebezogene Extreme, Aussagebeziehung).[1]

„Einige Verhältnisnamen gebraucht man, um das Beziehungsverhältnis selbst auszudrücken; z.B. Herr und Knecht, Vater und Sohn u.ä.; diese nennt man ‚seinsbezogene Extreme‘. Andere aber gebraucht man zur Bezeichnung von Dingen, denen bestimmte Beschaffenheiten zukommen, z.B. Bewegendes und Bewegtes, Oberhaupt und Untergebener u.ä.; diese nennt man ‚Aussage-bezogene Extreme‘."[2]

Es handelt sich also hier um eine Unterscheidung der Relativen und erst in zweiter Linie der Relation selbst, deren Unterscheidung erst durch die der Relativen zustande kommt.[3]

Das *relativum secundum esse* bezeichnet die Beziehung selbst[4]; die Beziehung aber ist ihrem Wesen nach bloße Bezugnahme auf ein anderes

---

1 Th. s. th. I qu. 13,7 ad 1. – 2,d 1 l. 5 ad 8. – de verit. qu. 21,6 c. – de pot. VII. 10 ad 11. – Vgl. A. Krempel, a.a.O. (Siehe S. 23 Anm. 23)

2 Relativa quaedam sunt imposita a d significandum ipsas habitudines relativas, ut dominus et servus, pater et filius, et huiusmodi; et haec dicuntur relativa secundum esse. Quaedam vero sunt imposita ad significandas res quas consequuntur quaedam habitudines, sicut movens et motum, caput et capitatum et alia huiusmodi; quae dicuntur relativa secundum dici. (Th. s. th. I. 13,7 ad 1)

3 Diese Hervorhebung der Relativen – denn diese sind es, von denen Thomas hier handelt – gegenüber der Relation kommt in der Übersetzung der Deutschen Thomasausgabe nur schlecht zum Ausdruck, wenn übersetzt wird: „Von diesen sagt man, daß sie eine Seins-Beziehung ausdrücken"; und „hier handelt es sich um Beziehungen der Aussage". Dies ist insofern von Wichtigkeit, als die Übersetzung im Gedankengang eine Lücke läßt, welche der Text des Thomas nicht aufweist. – Die Relation ist kein naturwirkliches Ding, darum läßt sich auch von ihr nicht so sprechen wie von einem solchen. Jede Aussage über die Relation erfolgt von den Extremen her, nicht aus ihr selbst. Thomas will hier Eigenarten der Relationen entwickeln und spricht folgerichtig nicht von der Relation, sondern von den Extremen *(relativa)*, aus deren Besonderheiten die Eigenarten der Relation folgen.

4 de pot. VII. 10 ad 11.

Sein[5]; reiner Hinweis. Der Begriff, der als *relativum secundum esse* das eine Extrem der Beziehung darstellt, sagt also allein diese Bezugnahme aus; würde man von diesem Begriff die Bezugnahme wegnehmen, so bliebe nichts; d.h. jedes absolute Element ist ausgeschlossen. Das ganze Sein ist reiner Hinweis. Horváth nennt sie die entitativ und objektiv reinen Beziehungen; entitativ rein, weil das ganze Sein die Beziehung selbst ohne jede Beimischung von absoluten Inhalten ist; objektiv rein, weil das Wesen des Gemeinten völlig in der „Zeige-Funktion" aufgeht.[6]

Das *relativum secundum dici* bezeichnet an einem absoluten Seienden eine relative Seinsweise; d.h. wenn wir etwa „Seele" oder „Fähigkeit" sagen, so ist damit ein Inhalt gemeint, der in uns noch in keiner Weise die Vorstellung einer Beziehung erweckt wie etwa, wenn wir Herr sagen, was sogleich das Korrelativum Knecht ergänzen läßt. Nun taucht aber neben dem absoluten Inhalt eine relative Bestimmtheit auf: Seele ist nur Seele eines Körpers; Fähigkeit geht immer auf ihr Objekt. Aus der Erkenntnis der Dinge finden wir die Relation, die von diesen Dingen getragen wird, also kann nicht ihr ganzes Sein in der Bezugnahme bestehen, sondern wir haben einen absoluten Inhalt, der Träger einer relativen Bestimmtheit ist.

2. a) Die Relation zwischen den *relativa secundum dici* ist ihrem Sein nach nicht rein medial; ihr Sein ist fundiert im Sein der Sache. Andererseits ist die Sache nicht voll begreifbar ohne die relative Bestimmtheit; die Relation ist unentbehrlich für die vollständige Definition; die Relation ist wesentlich. Thomas drückt es so aus: „Zuerst werden Namen gesetzt zur Bezeichnung einer Qualität oder ähnlichem; auf diese hin folgen dann die Relationen"[7]; darum ist es bei dieser Art von Relationen möglich, daß sie nicht gegenseitig sind und daß Beziehungen des einen zum anderen und des anderen zum einen ihrer Natur nach nicht gleich sind. Wenn die im Namen bezeichnete Eigenschaft z.B. eine kausale Tätigkeit nennt, so bedeutet dies, daß die Beziehung des Ersten im Ursache-Sein liegt, die des Zweiten im Verursacht-Sein. Dieses Erste muß folglich seiner Natur nach früher sein als das Zweite.[8] Für die Seinsbeziehungen bedeutet dies, daß auch Dinge ungleicher Natur in Beziehungen stehen können; das *non sunt simul natura* wirkt auf die Weise der Bezugnahme *(ratio referendi)*. Wenn diese *ratio referendi* bei den Extremen nicht die gleiche ist, dann muß eines seiner Natur nach früher sein als das andere *(alterum prius naturaliter)*. Es gibt also auch Beziehungen zwischen Extremen verschiedener Gattungen.[9] So

5 1, d 2 I. 5.

6 Horváth, a.a.O. S. 105, 128 ff.

7 Relativa vero secundum dici, quando nomina sunt imposita ad significandas qualitates vel aliquid huiusmodi principaliter, ad quae tamen consequuntur relationes. (de pot. VII. 10 ad 11) – Th. s. th. I. qu. 13,7.

8 Illa vero relativa, in quibus non est eadam ratio referendi ex utraque parte, non sunt simul natura, sed alterum est prius naturaliter ... (de pot. VII. 8 ad 1)

9 Possunt ad invicem referri etiam quae diversorum generum sunt (de pot. VII. 8 ad 2) – Non oportet subjecta relationum esse unius generis, sed solum relationes ipsas. (de pot. VII. 8 ad 3)

besteht die Beziehung des Geschöpfes zum Schöpfer; auch wenn dieser unter keiner geschöpflichen Gattung zu fassen ist, „so ist er doch in aller Gattung als Ursprung der Gattung".[10]

b) In der Beziehung der Aussage nach haben wir also zunächst ein durchaus für sich bestehendes Sein, das in seiner Existenz von keinem anderen geschaffenen Sein abhängt und in diesem Sinne absolut ist. Dieses Ding ist jedoch aus sich nicht verstehbar; es kann nur verstanden werden aus einer bestimmten Proportion heraus, die es zu einem anderen seinsmäßig ebenso absoluten Ding hat. Die Proportion konstituiert nicht eine neue Seinsweise, sondern ist nur die notwendige Erklärungsweise des absoluten Dinges aus fremden Elementen *(consequens, non constituens essentiam rei)*.

Das *relativum secundum dici* als Fundament steht in einer wesentlichen Abhängigkeit von einem äußeren Prinzip und hat ein bestimmtes Verhältnis zu ihm.[11] Trotz dieser wesentlichen Abhängigkeit bleibt das Ding absolut; denn die Form des Dinges beschränkt sich nicht auf die relative Seinsweise, erschöpft sich nicht in der Bezugnahme. Die Relation setzt auch kein neues Sein; der relative Hinweis liegt ganz im Wesen des absoluten Dinges; die Relation muß ihrem Sein wie ihrem formellen Merkmal nach auf das Absolute zurückgeführt werden. Diese Relation ist also noch nicht die Vollendung des reinen Hinweisens; das relative Ding kehrt immer wieder zu sich selbst zurück. So dient auch die Relation nicht dem absoluten Wohl und der Vollkommenheit des Dinges selbst; nur begleitend ist die relative Richtung und Bezugnahme mit ihm verbunden. – Dem Sein nach ist die Relation nichts, was nicht auch das Absolute wäre; da jedoch das Ding in irgendeiner Hinsicht sich nicht selbst genügt, dieser Mangel aber durch die Relation erfüllt wird, ist diese mehr als nichts.

c) Das *relativum secundum dici* als Terminus[12] ist nicht nur Angabe der äußeren Richtung; die Bestimmung dieser Art von Relation durch den Terminus ist wesentlicher als die Bestimmung einer Bewegung durch ihren Endpunkt. Der Terminus übt einen tiefen Einfluß auf die innere Beschaffenheit des Fundamentes aus, und zwar als Prinzip *(movens – motum;* Akt – Potenz etc.). Beim Fundament sahen wir primär die absolute Seinsweise, sekundär sein Fundament-Sein für die Relation. Ebenso beim Terminus: primär ist die für sich existierende Seinsart; nur sekundär, kraft seines Einflusses als Prinzip, ist er Terminus. – Wir stellten weiterhin beim Fundament fest, daß es aus sich nicht erklärbar sei; daß ein äußeres Prinzip, von dem es abhängig ist und dessen Einfluß es untersteht, zu seiner Definition unerläßlich sei. Umgekehrt stellen wir nun den Terminus als

---

10 est tamen in omnibus generibus sicut principium generis. (ibid. ad 2)

11 Bei der folgenden Analyse ist zur besseren Verständlichkeit das Beispiel von Leib und Seele im Auge zu behalten.

12 Vgl. 1, d 43 I. 1. Thomas unterscheidet hier: *terminus quantitatis* als abschließendes Sein (Endpunkt einer Linie) und *finis quantum ad essentiam rei,* das, was die Seinsweise zusammenfaßt und bestimmt; Vollgültigkeit und Endgültigkeit eines Dinges, *definitio vel terminus.*

konstitutives Element der Definition fest; nicht so sehr als Terminus, da ja seine absolute Seinsweise auffälliger ist, als vielmehr als Prinzip und Ursache. Ursache kann er in den möglichen vier Formen sein; als bewirkende Ursache bewegt der Beweger das Bewegte; als zu ihrem Ziel drängt die Potenz zu ihrem Akt, der als Finalursache wirkt; als Materialursache dient die Materie der Form; als Formalursache formiert die Seele den Leib.

d) Hiermit haben wir ein Bild der Aussagebeziehung, d.h. jener Beziehung, deren Relativa eine Eigenschaft oder Tätigkeit eines Seienden benennen, aus dem dann die Bezugnahme folgt. Diese Beziehung ist wesentlich; die Abhängigkeit des fundamentierenden Relativums ist unaufhebbar und unabhängig von dem aktuellen Vorhandensein des Terminus. Die Verschiedenheit der Extreme ist maximal; aber ebenso maximal ist die Innigkeit ihrer Verbindung (Akt – Potenz; Leib – Seele u.a.).

Aus diesem allen ist ersichtlich, daß die Relation der Aussage noch nicht in ganzer Reinheit das Wesen der Relation verkörpert, welches in dem *pros ti (ad aliquid)* besteht. Überall sehen wir die Beimischung von absoluten Elementen und seinsmäßiger und objektiver Abhängigkeit von ihnen. Das Relativum kehrt immer wieder in sich selbst zurück und steigert in seiner Verbindung mit dem Terminus s i c h s e l b s t zu seiner Vollkommenheit.

3. Dieser Relation steht die Seinsrelation gegenüber, die ihr ganzes Sein im Hinweisen erschöpft.

a) Gegenüber der Aussagerelation, die wir als eine zum Wesen gehörige, also essentielle Begleiterscheinung kennen lernten, hat die Seinsrelation ein akzidentelles Sein; daß etwas ein Doppeltes von etwas darstellt, gehört nicht wesentlich zu ihm, sondern fällt hinzu. Damit soll nicht gesagt sein, daß es sich hier um rein äußere Benennungen handelt. Da jedes Akzidenz ein neues Sein darstellt, kann die Substanz auch innerlich von ihm bestimmt werden, auch wenn die akzidentelle Bestimmung nicht zu ihrem begrifflichen Wesen gehört. Schon Aristoteles erkannte dies und meinte, daß in dieser Bedeutung das Akzidentelle auch ein Ewiges sein könne.[13] Wie bei allen neun Kategorien muß auch hier bei der Relation zweierlei beachtet werden[14]: das eine ist ihr Sein, das einer jeden zukommt gemäß ihrem Akzidenzsein; dann die besondere Wesenheit *(propria ratio)* eines jeden Akzidenz.

b) Das Sein des Akzidenz ist „Innen-Sein"[15]; sofern das Akzidenz ist, ist es ihm eigen, in einem Subjekt zu sein[16]: die akzidentelle Seinsweise ist

---

13 Arist. Met. V, 30 (1025 a 33) καὶ ταῦτα μὲν ἐνδέχεται ἀίδια

14 In quolibet novem generorum accidentis est duo considerare: quorum unum est esse, quod competit unicuique ipsorum secundum quod est accidens ... Aliud quod potest considerari in unoquoque, est propria ratio uniuscuiusque illorum generum. (Th. s. th. I. qu. 28, 2) Vgl. 1, d 26 II. 1.

15 Accidentis enim esse est inesse. (Th. s. th. I. qu. 28,2 c.) – de pot. VIII. 2 c.

16 Inquantum accidens est habet quod sit in subjecto. (de pot. VII. 9 ad 7)

demnach durch die Inhärenz bestimmt. Aus diesem Inhärieren ergibt sich die Abhängigkeit in seinem Sein und sein Vereintsein mit dem Subjekt.[17] Die Relation hat als Akzidenz kein Sein für sich; ihre ganze Realität ist in der Substanz begründet, welcher sie inhäriert. Es wird wieder einmal sichtbar, daß die Frage nach der Realität der Relation leicht zu ungenauen Urteilen führen kann: Für sich, ohne Substanz, ist die Relation nichts; alles, was sie ist, ist sie durch ihr Fundament, dem sie inhäriert. Diesem gegenüber ist sie aber ein Seinszuwachs, da jedes Akzidenz bei Thomas eine Seinsform bezeichnet; als Seinszuwachs aber ist sie Wertzuwachs, Vervollkommnung; Vervollkommnung geschieht aber nicht durch nichts. Also ist die Relation etwas.

c) Die Schwierigkeit der Frage wird aber durch folgendes erhöht: „Die Beziehung wird in anderer Weise als ‚etwas sein' bezeichnet als andere Wesensbestimmungen. Denn bei anderen Dingen wird in doppelter Weise ‚Sein' ausgesagt: hinsichtlich seiner Existenz und hinsichtlich des Wesensbegriffs. Die Weisheit setzt ihrem Sein nach etwas im Subjekt; und ähnlich setzt sie ihrem Wesen nach eine bestimmte Art in der Kategorie der Qualität. Die Relation aber ist zwar etwas im Hinblick auf das Sein, das sie im Subjekt hat; ihrem Begriff nach ist es ihr aber nicht eigen, daß sie ein ‚Etwas' ist, sondern allein, daß auf ein anderes Bezug genommen wird. Ihrem Begriff nach setzt sie daher nicht etwas im Subjekt, weswegen Boethius sagte, daß die relativen Ausdrücke keine (inhaltliche) Aussage über das enthalten, von dem sie ausgesagt werden."[18]

Das formelle Merkmal dieser Inhärenz ist also nicht ein Sein, ein Etwas, wie eine qualitative Bestimmtheit oder etwa eine meßbare Quantität, sondern ist rein ein Hinweisen auf ein anderes Sein. In diesem „zu-hin", dem *ad aliquid* gegenüber *aliquid,* ist die Mitte getroffen, die das Wesen der Beziehung ausmacht und die schon Aristoteles erkannt hatte, wenn er dieser Seinsweise den Namen πρός τι gab, der schon als Name gegenüber ποιόν, ποσόν u.a. das ganz Schwebende dieser Seinsart verdeutlicht.

Ratio autem relationis est ut referatur ad alterum[19] (Wesen der Relation ist, daß auf ein anderes Bezug genommen wird). Thomas nennt diesen Bezug meist *respectus.*[20] *Respectus* meint den Blick auf etwas zurück.

---

17 Accidentis esse est inesse et dependere, et compositionem facere cum subjecto per consequens. (1, d 8 IV. 3)

18 Relatio alio modo dicitur esse aliquid quam alia entia. In aliis enim entibus unumquodque dicitur dupliciter esse: et quantum ad esse suum, et quantum ad rationem quidditatis suae; sicut sapientia secundum esse suum aliquid ponit in subjecto, et similiter secundum rationem suam ponit naturam quamdam in genere qualitatis. Sed relatio est aliquid secundum esse suum quod habet in subjecto; sed secundum rationem suam non habet, quod sit aliquid, sed solum quod ad alium referatur; unde secundum rationem suam non ponit aliquid in subjecto; propter quod Boethius dicit, quod relativa nihil praedicant de eo de quo dicuntur. (1, d 20 I. 1)

19 1, d 2 I. 5. – Secundum rationem suam (relatio) non habet quod sit aliquid sed solum quod ad aliud referatur. (1, d 20 I. 1) – Vgl. 1, d 26 II. 1.

20 Ea vero, quae dicuntur ad aliquid significant secundum propriam rationem solum respectum ad aliud. (Th. s. th. I. 28,1 u. 3) – Vgl. 1, d 33 I. 1.

Respectus als optische Bezeichnung will nicht das Auge oder das Sehen, auch nicht den erblickten Gegenstand treffen, sondern das, was nicht wahrnehmbar zwischen Auge und Gegenstand schwebt: den Blick; jenes formale Prinzip, das bewirkt, daß das Auge von dem Gegenstand eine bezügliche Bestimmung erfährt. Aber auch diese Verdeutlichung des Problems durch Auge, Gegenstand und Blick ist ein Bild, von dem Thomas allerdings glaubte, daß es den Tatbestand am besten erhelle, wie seine Terminologie bezeugt. Das Wesen der Relation besteht nun allein in diesem medialen Sein *(solum respectum)*. Ein andermal umschreibt Thomas den Verhalt mit *„transire"*[21]; auch dieses Wort versucht jenes „Dazwischen" zu treffen, das von Ausgang und Ziel umschlossen wird. Auf alle Weise versucht Thomas und vor ihm, wie schon erwähnt, Aristoteles, so das mediale Sein vom substantialen und von dem übrigen akzidentalen Sein abzuheben.

Da dieses Sein nicht in die Substanz eindringt, sie nicht innerlich modifiziert, sondern nur von außen berührt, hat man das Sein der Relation als „tangentiell" bezeichnet. Da es nur tangentiell ist, hat es keine ontologische Bedeutung und verändert nicht das Wohl und die Vollkommenheit der Substanz; es tritt auf und kann verschwinden, ohne die Substanz zu verändern[22]; die Verbindung mit der Substanz beruht ausschließlich auf dem Akzidenz-Sein. Gegenüber der Relation der Aussage, die sich auf das absolute Wohl des Dinges richtete, ist die Seinsrelation eine Beschaffenheit bezüglich fremder Dinge *(secundum comparationem ad aliquid extra).*

Durch die Relation hat das Subjekt akzidentell eine bezügliche Bestimmung erhalten. Da das Sein des Akzidenz im reinen Hinweis aufgehoben ist, ist der Seinsgehalt der Relation der allergeringste, ja nach der wörtlichen Übertragung der „geschwächteste", der am meisten „entkräftete".[23] Dieses Sein ist das a l l e r g e r i n g s t e, da es nicht nur – wie jedes Akzidenz sonst – ein substantiales Sein voraussetzt, dem es inhäriert, sondern es setzt noch e i n z w e i t e s Sein außerhalb der fundamentierenden Substanz als Terminus voraus, dessen aktuelles Dasein – wie noch ausgeführt wird – erfordert ist. Darüber hinaus ist es aber auch rangmäßig das letzte Sein, weil es nicht nur das substantiale Sein erfordert, sondern weil es „auch das Sein

---

21 Inquantum enim accidens est, habet quod sit in subjecto, non autem inquantum est relatio vel ordo; sed solum quod ad aliud sit, quasi ad aliud transiens, et quodammodo rei relatae assistens. . . . Prout transit in aliud (Sofern es Akzidenz ist, eignet ihm, im Subjekt zu sein; nicht aber insofern es Beziehung oder Ordnung ist; also nur weil es auf ein anderes hin ist, als ob es zu ihm hinüberginge und der bezogenen Sache zur Seite stünde.) de pot. VII. 9, ad 7. – Vgl. de pot. VII. 8: Relatio autem non significat, . . ., ut in subjecto manens, sed ut in transitu quodam ad aliud.

22 Relatio non addat supra essentiam aliquam rem, sed solum rationem, tamen relatio est aliqua res. (de pot. VIII. 2 ad 3) – Omne enim dicimus per accidens se habere ad aliquid, sine quo illud esse potest. (de pot. VII. 8 ad 6)

23 Inter omnia alia entia relatio habet debilissimum esse. (1, d 8 IV. 3 arg. 4) – Relatio est debilioris esse inter omnia praedicamenta. (de pot. VII. 9. c) – de pot. VIII. 1. ad 4.

anderer Akzidenzien erfordert, aus denen die Beziehung wie aus ihrer Ursache hervorgeht; so verursacht die Einheit in der Quantität die Beziehung der Gleichheit und die Einheit in der Qualität die Beziehung der Ähnlichkeit".[24]

Da der unterscheidende Seinsgehalt der geringste ist, ist auch der zwischen den Extremen verursachte Unterschied der geringste.[25]

d) Nachdem Sein und Wesen der Seinsrelation als Akzidenz-Sein und *respectus* aufgezeigt wurden, müssen jetzt die Extreme, die *relativa secundum esse* ins Auge gefaßt werden. Die Relation gründet auf dem Fundament und weist hin auf den Terminus.

Das entfernteste Fundament der Relation *(fundamentum remotissimum)* ist das Sein einer Substanz, das Subjekt.[26] Der Begriff bloßer Substantialität aber enthält nicht die Möglichkeit eines Bezugs. Die Möglichkeit des Bezuges einer Substanz begegnete oben[27] als *inclinatio* der Dinge, auch der unbelebten, die aus ihrer Natur folgt. Diese *inclinatio* können wir nun als Geneigtheit einer Substanz bezeichnen, eine relative Seinsart zu tragen. Die Substanz, die durch ihre Geneigtheit die Potenz zu einer Relation besitzt, ist das entfernteste Fundament der Relation.

Jedoch auch in ihrer Geneigtheit ist die Substanz noch absolute Natur; um in Beziehungen zu gelangen, muß sie in irgendeiner Form über ihre in sich stehende Natur hinausdringen; sie muß den geschlossenen Kreis ihrer Absolutheit in irgendeinem Merkmal sprengen, in dem sie mit dem anderen Extrem zusammentreffen kann. Horváth nennt dies „expansive Kraft", den Zustand der Substanz aber materielle Referibilität.[28] Auf Substanzen, deren innere Beschaffenheit sich mit solcher expansiven Kraft verträgt, gründet sich ihrem Sein nach die Relation *(fundamentum remotum)*.

e) Das nächste Fundament ist die aktuell vorhandene expansive Kraft einer Natur. Eine Substanz hat gemäß ihrer Form den geschlossenen Kreis ihrer Absolutheit gesprengt und weist auf Grund ihrer eigenen Konstitution die zur relativen Gemeinschaft erforderte Kraft auf: z.B. Quantität ist darauf angelegt, gemessen zu werde.

---

24 Relatio realiter substantiae adveniens et postremum et imperfectissimum esse habet; postremum quidem, quia non solum praeexigit esse substantiae, sed etiam esse aliorum accidentium, ex quibus causatur relatio, sicut unum in quantitate causat aequalitatem, et unum in qualitate similitudinem; imperfectissimum autem, quia propria relationis ratio consistit in eo quod est ad alterum. Unde esse eius proprium, quod substantiae superaddit, non solum dependet ab esse substantiae sed etiam ab esse alicuius exterioris. (Cg. IV. 14. – 3508)

25 Quanto distinctio prior est, tanto propinquior est unitati, et ideo debet esse minima. Et ideo distinctio personarum non debet esse nisi id quod minimum distinguit scilicet per relationem. (Th. s. th. I. qu. 40. 2 ad 3) – 1, d 26 II. 2. – de pot. VIII. 1.

26 Relatio est aliquid secundum esse suum, quod habet in subjecto. (1, d 20 I. 1) – In relatione est . . . ipsum esse relationis, quod habet secundum quod in aliqua re fundatur. (1, d 33 I. 1)

27 Kap. 9.

28 Horváth, a.a.O. S. 140.

117

Damit ist etwas Bemerkenswertes eingetreten. Über die rein seinsmäßige Fundierung der Relation hinaus ist hiermit eine erste spezifische Differenzierung erfolgt. Sie trägt einen ganz anfänglichen Charakter, ist noch „samenhaft". Die eigentliche Spezifikation erfolgt erst durch den Terminus; gemessen wird erst mit einem Maß. Bei anderen Akzidenzien erfolgt die Bestimmtheit ganz aus ihrer eigenen inneren Natur. Bei der Relation kommt sie von außen; sie ist nur insoweit vom Fundament her angelegt, als notwendig ist, um ein unterscheidendes Merkmal gegenüber anderen Akzidenzien zu haben. Die eigentliche Spezifikation ist Sache des Terminus und berührt das Fundament nur tangentiell.

Die durch eine expansive Kraft modifizierte absolute Seinsweise der Substanz ist Fundament, materiale Ursache des ganzen Seins der Relation.

f) Innerhalb der fundamentierenden Substanz gründen sich die Relationen auf das nächste Fundament, das ihre Ursache ist. Thomas kennt – von Aristoteles sie übernehmend – zwei nächste Ursachen der Seinsrelation[29]: Quantität (doppelt und halb) und Tun und Leiden (Werker – Gewirktes, Vater – Sohn, Herr – Knecht).[30] Durch beide Arten der Relation findet kein Wesenszuwachs statt[31]; die Substanz bleibt in sich unverändert; wohl erlangt sie eine neue tangentielle (d.h. akzidentell-äußere) Bestimmtheit.

Eine Quantität wird von einer anderen in ihrem Maß bestimmt; sie ist nächstes Prinzip der Beziehungen der Übereinstimmung und der Verschiedenheit *(idem; duplum dimidium)*.[32] Diese Relationen sind immer gegenseitig, da der Zuordnungssinn *(ratio ordinis unius ad alterum)* auf beiden Seiten der gleiche ist.[33] Das quantitative Maß ist äußerliches Maß; auf die innere Beschaffenheit der Gemessenen übt es keinen Einfluß aus.

Bei Tun und Leiden besteht offensichtlich in erster Linie eine Relation der Aussage nach; auch ist im Ursache-Wirkungsverhältnis eine wesentliche Abhängigkeit festzustellen. Doch sagt „Tun" noch nichts aus; es muß erst gesagt werden, was getan wird; „Schneider", „Richter" sagen bestimmte Tätigkeiten aus, auf Grund derer sich die Beziehung ergibt.

Tun und Leiden als Seinsbeziehung fordern, daß ein absoluter Seinsgehalt

---

29 Aristoteles erwähnt im 5. Buch der Metaphysik noch ein drittes Fundament: Maß und meßbar. Thomas unterschied als erster klar diese Relation als Aussagerelation. Nur die beiden anderen, Quantität und Tun und Leiden, sind nächste Fundamente für Seinsrelation. Wo Maß nicht quantitatives Maß bedeutet, ist es wesentlich; es bestimmt die innere Beschaffenheit, ist essentielle Begleiterscheinung und nicht mehr reines Hinweisen. Daß Aristoteles diese Unterscheidung schon irgendwie ahnte, geht aus dem schon oben (S. 72) zitierten Text hervor, wo er die beiden ersten Arten der Relation der dritten gegenüberstellt; die erste Art ist für ihn entgegen der dritten „ihrem Wesen nach Beziehung".

30 Relationes fundantur super aliquid quod est causa ipsarum in subjecto. (1, d. 2 I. 5 expos. text. ad 2) – Relatio omnis vel fundatur supra quantitatem, ut duplum et dimidium; vel supra actionem et passionem, ut faciens et factum, pater et filius, dominus et servus et huiusmodi. (Th. s. th. I. qu. 28,4. c) – Species assignans relationis, quasdam ponit ex quantitate causatas, quasdam vero ex actione et passione. (de pot. VII. 9 c)

31 de pot. VIII. 2.

32 Cg. IV. 24. – 3612.

33 de pot. VII. 10.

durch eine *virtus activa seu passiva*[34] innerlich zum nächsten Fundament einer Beziehung bestimmt ist; dies ist die Seinsgrundlage. Bestimmt wird die Beziehung durch ein aktuelles Tun und Leiden, wodurch eines auf ein anderes wirkt oder eines von einem anderen erleidet. Wichtig ist die aktuelle Tätigkeit oder etwas unmittelbar von ihr Zurückgelassenes.

g) Die Relation weist mit ihrem ganzen Seinsgehalt auf den Terminus. Die seinsmäßige Grundlage im Fundament als materiale Ursache der Relation ist vorausgesetzt. Der Terminus bestimmt Weise und Richtung des Strebens. Er vollzieht in der äußeren Richtungsangabe die endgültige Spezifikation einer im Fundament nur ganz samenhaft angelegten Seinsweise. Die Relation erfährt also eine doppelte Bestimmung: 1. vom Fundament her die seinsmäßige, verbunden mit dem Angelegtsein auf Beziehung; 2. vom Terminus her die formale, d.h. das individuell-charakteristische Merkmal, die eigentliche und endgültige Prägung. Das Hauptgewicht der Relation liegt also im Terminus; das Fundament trägt.

Darum ist auch zum Zustandekommen der Relation die aktuelle Existenz des Terminus erfordert.[35] Die Seinsrelation ist reiner Hinweis, Schweben zwischen Extremen; dieses wäre unmöglich, wenn eines der Extreme nichts oder nicht aktuell da wäre. Nicht so bei der Relation der Aussage nach, wo der Richter Richter bleibt, auch wenn er nicht aktuell richtet; während der Vater nur Vater ist, wenn er tatsächlich einen Sohn hat, durch dessen Geburt er „Vater wird". Nicht die Zeugungsfähigkeit, auch nicht der Zeugungsakt konstituieren die Vaterschaft; diese sind materiale Vorbedingungen. Erst die aktuelle Existenz des Sohnes konstituiert Vaterschaft formell. Der Terminus ist also die „äußere formelle Ursache" der Relation. Der Terminus ist nicht innerlich konstituierendes Element des Subjekts. Er tritt gar nicht in die innere Beschaffenheit der Relation ein; der Terminus bleibt außen. Wie aber kein Sein ohne Form bestehen kann, so auch nicht das Akzidenz *ad aliquid*, dessen Form es eben ist, sie von außen zu bekommen.

h) Bei der Seinsrelation richtet sich der Blick auf den *respectus;* auf jenes „Band", das schwebend die Extreme verbindet. Wenn wir „Vaterschaft" sagen, so haben wir nicht den Vater im Auge; noch weniger etwa die Zeugungsfähigkeit oder den Zeugungsakt; auch fällt unser Blick nicht in erster Linie auf den Sohn. Selbst wenn wir die Beziehung im anderen Richtungssinn nehmen und Sohnschaft sagen. Der Blick des Denkens ist auf die Mitte gerichtet, die weder als Punkt vorgestellt werden darf, da sie dann keine Verbindung zu den Extremen hätte, noch als Wegstrecke. Schon Thomas warnt davor; zwar sei die *via media inter duos terminos „una";* und Aristoteles behaupte mit Recht, daß der Weg von Theben nach Athen der gleiche sei wie der von Athen nach Theben.[36] Doch die den Weg in der einen oder anderen Richtung gehen, tun nicht das Gleiche. Die *via* ist zwar auch bei der Relation die gleiche, aber nicht der *respectus*.

---

34 de pot. VII. 9.
35 Relativum non potest esse sine correlativo. (de pot. VIII, 1 arg. 10)
36 1, d 27 I. 1. arg. 2.

Diese Mitte erschöpft sich im Hinweisen, im Hinübergehen *(transitus):* sie ist reines Medium.[37]

Damit ist der Boden gewonnen, von dem aus sich die Seinsart der Relation bestimmen läßt. Die aus dieser Analyse sich ergebenden Folgerungen bezüglich der Realität der Relation sind in Abschnitt III, S. 75 ff. zusammengefaßt.

---

37 Relatio est medium inter duo extrema. (ibid.) – Relatio est aliquid medium inter extrema relationis. (de pot. VII. 9 arg. 5) – de pot. VII. 10 ad 1.

Quellen

Diels, H.: Fragmente der Vorsokratiker, Berlin 1906. – Doxographi Graeci, Berlin 1879

Aristotelis Opera Omnia Graece et Latine, Parisiis, Editore Ambrosio, Firmin-Didot 1878

Sancti Aurelii Augustinii, Hipponensis Episcopi Opera Omnia, Parisiis, Montrouge 1841

Sancti Aurelii Augustini Opera. – Corpus Christianorum t. XXIX et seq. Turnholte 1955 ff.

S. Anselmi Monologion (Opera Omnia bei Migne PL) Paris 1864

D. Alberti Magni, Ratisbonensis Episcopi, Ordinis Praedicatorum Opera Omnia, Parisiis apud Ludovicum Vivès, Bibliopolam Editorem 1895

Doctoris Angelici Divi Thomae Aquinatis Opera Omnia, Parisiis apud Ludovicum Vivès, Bibliopolam Editorem 1871

S. Thomae Aquinatis Doctoris Angelici, Liber de Veritate Catholicae Fidei contra Errores Infidelium seu Summa Contra Gentiles II. – III. Marietti, Turin/ Rom 1961.

Doctoris Seraphici S. Bonaventurae, Episcopi Cardinalis Opera Omnia, Ad Claras Aquas (prope Florentiam) ex Typographia Collegii S. Bonaventurae 1882 (Tomus I.)

Abkürzungen

Augustinus

Aug. civ. Dei	De Civitate Dei
Aug. de mor. manich.	De Moribus Manichaeorum
Aug. de ver. rel.	De Vera Religione
Aug. de lib. arb.	De Libero Arbitrio
Aug. de nat. bon.	De Natura Boni
Aug. de ord.	De Ordine
Aug. de mus.	De Musica
Aug. de gen. ad litt.	De Genesi Ad Litteram

Albert der Große

Alb. s. th.	Summa Theologiae
Alb. s. de creat.	Summa De Creaturis
Alb. . . . Sent.	Commentarius in . . . Librum Sententiarum

Thomas von Aquin

Th. s. th.	Summa Theologica
Cg.	Summa Contra Gentiles
1, d	Kommentar zum 1. Sentenzenbuch
2, d . . . usf.	Kommentar zum 2. Sentenzenbuch . . . usf.
de pot.	Quaestiones Disputatae De Potentia
de verit.	Quaestiones Disputatae De Veritate
de malo	Quaestiones Disputatae De Malo
de spirit. creat	Quaestiones Disputatae De Spiritualibus Creaturis
Quodl.	Quaestiones Quodlibetales
In Ps.	In Psalmos Davidis Expositio
In Isai.	In Isaiam Prophetam Expositio
In Periherm.	In Aristotelis Stagiritae Nonnullos Libros Commentaria. Perihermenias Seu De Interpretatione.
In Phys.	In VIII Libros Physicorum
In Eth.	In X Libros Ethicorum ad Nicomachum
de pot. an.	Opusculum De Potentiis Animae

Bonaventura

Bonav. I. Sent . . .	Commentarius in I. Librum Sententiarum

Literaturhinweise

M.B. Allmang	The Ordo-Concept in the philosophy of S. Thomas Aquinas. In: Unitas 34,2 (1961), S. 264–305
C. Baeumker	Die christliche Philosophie des Mittelalters, Berlin 1913
H. Beck	Der Akt-Charakter des Seins, München 1963
J.P. Beckmann	Die Relationen der Identität und Gleichheit nach Johannes Duns Scotus. Untersuchung zur Ontologie der Beziehungen, Bonn 1967
H. Bergson	L'Évolution créatrice, Paris 1907; dt.: Schöpferische Entwicklung, Jena 1912
W. Brugger	Ordnung. In: W. Brugger (Hg.), Philosophisches Wörterbuch, Freiburg ¹⁴1976, S. 225–226
B. Coffey	The Notion of order according to S. Thomas Aquinas. In: Modern Schoolman 27 (1949), S. 1–18
E.R. Curtius	Europäische Literatur und lateinisches Mittelalter, (1948), Bern, München ⁸1973
A. Dempf	Metaphysik des Mittelalters. München 1930
ders.	Ethik des Mittelalters, München 1927
ders.	Sacrum Imperium, München, Berlin 1929, ²1954, Nachdruck München 1973
W. Dettloff	Der Ordogedanke im Kirchenverständnis Bonaventuras. In: Ecclesia et Ius. A. Scheuermann zum 60. Geburtstag, hg. v. K. Siepen, J. Weitzel, P. Wirth, München, Paderborn, Wien 1968, S. 25–55
G. Duby	Les trois Ordres ou l'imaginaire du féodalisme, Paris 1978; dt.: Die drei Ordnungen. Das Weltbild des Feudalismus, Frankfurt 1981
H. Driesch	Ordnungslehre, Jena 1912
ders.	Metaphysik, Breslau 1924
A. Dyroff	Über Form und Begriffsgehalt der augustinischen Schrift De Ordine. In: Aurelius Augustinus. Die Festschrift der Görres-Gesellschaft zum 1500. Todestag, hg. v. M. Grabmann und J. Mausbach, Köln 1930, S. 15–62
C. Feckes	Die Harmonie des Seins. Ein Blick in das metaphysische Weltgebäude des Thomas von Aquin mittels seiner Seinsstufen, Paderborn 1937
A. Flasch	Augustin. Einführung in sein Denken, Stuttgart 1980
E. Frank	Plato und die sogenannten Pythagoreer (Halle 1923), Darmstadt ²1962
F. Gässler	Der Ordogedanke unter besonderer Berücksichtigung von Augustinus und Thomas von Aquin, Diss. Freiburg i.B. 1950
E. Gilson	Die Philosophie des heiligen Bonaventura (1924), Köln, Olten ²1960
E. Gössmann	Metaphysik und Heilsgeschichte. Eine theologische Untersuchung der Summa Halensis (Alexander von Hales), München 1964

M. Grabmann	Mittelalterliches Geistesleben, 3 Bde, München 1920, 1936, 1956
ders.	Geschichte der scholastischen Methode, 2 Bde., München 1909 und 1911 (Nachdruck: Basel, Stuttgart 1961)
ders.	Die Werke des hl. Thomas von Aquin, ²Münster 1931
R. Guardini	Die Bekehrung des heiligen Aurelius Augustinus, Leipzig 1935
N. Hartmann	Ordo amoris. Zur augustinischen Wesensbestimmung des Sittlichen. In: Wissenschaft und Weisheit 18 (1955), S. 1–23, 108–121
A. Hayen	La Communication de l'être d'après s. Thomas d'Aquin, 2 Bde., Paris, Louvain 1957–1959
J.A.W. Hellmann	Ordo. Untersuchung eines Grundgedankens in der Theologie Bonaventuras (Veröffentlichung des Grabmann-Institutes. Neue Folge, Nr. 18), München, Paderborn, Wien 1974
H. Höffding	Der Relationsbegriff. Eine erkenntnistheoretische Untersuchung, Leipzig 1922
A. Horváth	Metaphysik der Relationen, Graz 1914
A. Hufnagel	Intuition und Erkenntnis nach Thomas von Aquin. Münster 1932
A. Keller	Ordnung. In: Sacramentum Mundi. Theologisches Lexikon für die Praxis, hg. v. K. Rahner, A. Darlapp u.a., III, Freiburg, Basel, Wien 1969, Sp. 921–925
W. Kölmel	Wilhelm Ockham – der Mensch zwischen Ordnung und Freiheit. In: G. Wilpert (Hg.), Beiträge zum Berufsbewußtsein des mittelalterlichen Menschen (Miscellanea Mediaevalia 3), Berlin 1964, S. 204–224
A. Krempel	La Doctrine de la relation chez Saint Thomas, Paris 1952
ders.	Anerkannte Thomas von Aquin transzendentale Beziehungen? In: Philosophisches Jahrbuch 67 (1957), S. 171–179
H. Krings	Das Sein und die Ordnung. Eine Skizze zur Ontologie des Mittelalters. In: Dtsch. Vierteljahresschrift f. Literaturwissenschaft u. Geistesgeschichte 18 (1940), S. 233–249
ders.	Sinn und Ordnung. In: Das Problem der Ordnung, hg. v. H. Kuhn u. F. Wiedmann, Meisenheim/Glan 1962, S. 125–141
ders.	Ordnung. In: Handbuch theologischer Grundbegriffe, hg. v. H. Fries, München 1963, Bd. II, S. 251–256
P. Kühler	Ordo. Neue ungekürzte Ausgabe Stuttgart 1935
H. Kuhn	Ordnung. In: Handbuch philosophischer Grundbegriffe, hg. v. H. Krings, H.-M. Baumgartner, Chr. Wild, München 1973, Bd. II, S. 1037–1050
ders.	Das Gute und die Ordnung. In: Zeitschrift für philosophische Forschung 14 (1960), S. 489–504
H. Kuhn u. F. Wiedmann (Hg.)	Das Problem der Ordnung (16. Deutscher Kongreß für Philosophie 1960), Meisenheim/Glan 1962
P.G. Kuntz (Hg.)	The Concept of Order, (University of Washington Press) Seattle, London 1968
G. des Lauriers	L'Ordre implique par essence la caractère transcendental. In: Zeitschrift für philosophische Forschung 14 (1960), S. 505–525
F. Leist	Die *sensus interiores* bei Thomas von Aquin, Speyer 1940

R. Losada Cosme	Realismo ético-juridico, en S. Tomaso de Aquino, como fundamento del orden normativo. In: Salmanticensis 10 (1963), S. 501–533
O. Lottin	L'Ordre morale et l'ordre logique d'après s. Thomas d'Aquin. In: Annales Inst. supér. de philosophie 5 (1924), S. 303–399
J.B. Lotz	Beziehung. In: W. Brugger (Hg.), Philosophisches Wörterbuch, Freiburg ¹⁴1976, S. 39–40
G. Mainberger	Die Seinsstufung als Methode und Metaphysik, Freiburg i.Ue. 1959
L. Manz	Der Ordo-Gedanke. Ein Beitrag zur Frage des mittelalterlichen Ständegedankens (Vierteljahrsschrift f. Sozial- u. Wirtschaftsgeschichte, Beih. 33), Stuttgart 1937
G. Martin	Wilhelm von Ockham. Untersuchungen zur Ontologie der Ordnungen, Berlin 1949
J. Mausbach	Die Ethik des heiligen Augustinus, 2 Bde. (1909), Freiburg i.B. ²1929
P. Michaud-Quantin	Le Vocabulaire des catégories sociales chez les canonistes et les moralistes du XIIIᵉ siècle. In: Ordres et classes (colloque d'histoire sociale de Saint-Cloud), 1973
J. Miethke	Ockhams Weg zur Sozialphilosophie, Berlin 1969
O. Muck	Ordnung: In: LThK VII (²1962), Sp. 1210–1212
W. Nestle	Die Vorsokratiker, Jena 1908
L. Oeing-Hanhoff	Ens et unum convertuntur. Stellung und Gehalt des Grundsatzes in der Philosophie des Hl. Thomas von Aquin, Münster 1953
E.A. Pace	The Concept of order in the philosophy of S. Thomas. In: New Scholasticism 2 (1928), S. 51–72
J. Pieper	Ordnung und Geheimnis, München 1946
K. Rahner	Geist in Welt. Zur Metaphysik der endlichen Erkenntnis bei Thomas von Aquin, München ²1957
J.M. Ramirez	De ordine, placita quaedam Thomistica Salamanticae, San Esteban 1963
J. Rief	Der Ordo-Begriff des jungen Augustinus, Paderborn 1962
F.J. von Rintelen	Der Wertgedanke in der europäischen Geistesentwicklung, Halle 1932
W. Röd	Die Philosophie der Antike 1: Von Thales bis Demokrit (Geschichte der Philosophie, hg. v. W. Röd, Bd. I), München 1976
R. Roques	L'Univers dionysien, Paris 1954
F. Schmidt	Ordnungslehre, München, Basel 1956
A. Schöpf	Augustinus, Freiburg, München 1970
A. Schwientek	El Orden moral según los principios des S. Tomaso. In: Ciencia Tomista 64 (1943), S. 293–326
A.D. Sertillanges	Der heilige Thomas von Aquin (1928), Köln, Olten ²1953
A. Silva-Tarouca	L'Idée de l'ordre dans la philosophie de S. Thomas d'Aquin. In: Revue néoscolastique de Philosophie 40 (1937), S. 341–384
ders.	Thomas heute. Zehn Vorträge zum Aufbau einer existentiellen Ordnungsmetaphysik nach Thomas von Aquin, Wien 1947
F. van Steenberghen	Ontologie, Einsiedeln 1952

Th. Steinbüchel	Christliches Mittelalter, Leipzig 1935
ders.	Der Zweckgedanke in der Philosophie des Thomas von Aquin, Münster 1912
ders.	Die philosophische Grundlegung der katholischen Sittenlehre, 2 Bde., Düsseldorf 1938
W. von den Steinen	Vom heiligen Geist des Mittelalters, Breslau 1926
J. Stenzel	Zahl und Gestalt bei Plato und Aristoteles (1944), Bad Homburg ³1959
W. Strombach	Natur und Ordnung. Eine philosophische Deutung des wissenschaftlichen Welt- und Menschenbildes unserer Zeit, München 1968
A. Trendelenburg	Geschichte der Kategorienlehre (1846), Nachdruck Hildesheim 1963
T. Urdànoz	El Problema del orden moral y sus normas, según S. Tomaso. In: Ciencia Tomista 81 (1954), S. 241–275
E. Voegelin	Order and History, 4 Bde., Baton Rouge (Louisiana State University Press) I 1956; II 1957; III 1957; IV 1975
P. Wust	Gesammelte Werke, 10 Bde., Münster 1963–1969

Personenverzeichnis

(Ein Querstrich zwischen zwei Ziffern bedeutet, daß die angegebenen Seiten ein Lehrstück des Autors enthalten)

Sachverzeichnis

WALTER DUBISLAV
Die Definition

4. Auflage. Unveränderter Nachdruck der dritten völlig umgearbeiteten und erweiterten Auflage von 1931 mit einem Nachwort von Wilhelm K. Essler.
1981. XIX, 160 S., Geb. 42,—

Die einwandfreie Bestimmung der Begriffe ist die Grundlage einer jeden wissenschaftlichen Arbeit. Im Sinne der modernen Logik und Axiomatik hat erstmals Walter Dubislav die Methode des Definierens von Begriffen systematisch wie auch an Beispielen entwickelt. Sein Werk zeichnet sich durch klare Gedankenführung und didaktisches Geschick bei der Vermittlung philosophischer Sachverhalte aus, und es diskutiert alle einschlägigen Fragen, die sich dem an Methoden interessierten Wissenschaftler stellen. Es hat daher auch heute noch seinen systematischen Wert. Den gegenwärtigen Stand der Forschung im Bereich der Definitionslehre schildert Wilhelm K. Essler in einem Nachwort.

J.C. HORN
Monade und Begriff
Der Weg von Leibniz zu Hegel

3., durchgesehene Auflage 1982. VI, 201 S., Geb. 48,—

Das Buch gibt in vier Kapiteln — zu Leibniz' ontologisch begriffener Metaphysik des Werdens, zu Fichtes Wissenschaftslehre, zu Hegels »Entwicklung des Begriffs« und zu Kants Kritiken — den Nachweis, daß die großen nachkantischen Denker in ihrem Kerngedanken weitaus mehr auf Leibniz als auf Kant zurückgehen.
Der Schlüsselbegriff ist der heute für Naturwissenschaften wie für Geisteswissenschaften gleicherweise unentbehrliche Begriff einer »individuellen Substanz«. Damit ist das Thema zu einer Erweiterung der Rationalität selbst angeschlagen, welches sich methodisch nur als »Weg vom Bewußtsein zum Selbstbewußtsein« (Hegel) angehen läßt und welches anthropologisch auf eine Theorie des Bewußtwerdens zielt. Das nunmehr in 3. Auflage vorliegende Buch wurde durch eine neue Einleitung in systematischer Absicht ergänzt.

LUDWIG LANDGREBE
Faktizität und Individuation

Studien zu den Grundfragen der Phänomenologie.
1982. X, 163 S. Geb. 48,—

Husserl nannte die Geschichte »das große Faktum des absoluten Seins«. Wie aber ist deren Faktizität, und damit auch die Faktizität des handelnden Einzelnen, überhaupt zu denken, wenn sie zugleich nur durch die phänomenologische Konstitution ins Dasein tritt? Dieses Grundproblem, also das der Individuation, steht im Mittelpunkt der späten Aufsätze Ludwig Landgrebes, in denen er an die Grenzen der Husserlschen Konzeption der Phänomenologie vorstößt. Dabei verteidigt er seinerseits dessen Position gegen empiristisch-anthropologische Auffassungen, und zeigt andererseits über Husserl hinausgehende Möglichkeiten zur Auflösung der Probleme, in die sich die Phänomenologie in Ansehung der Begründung der Faktizität verstrickt.

FELIX MEINER VERLAG · HAMBURG